Monographic Journals of the Near East *Assur* 3/4 (July 1983)

T0153711

STT 366: DEUTUNGSVERSUCH 1982
GAB ES EINEN KÖNIG VON ARRAPḪE NAMENS MUŠ-TEJA?
DIE AFFEN DES SCHWARZEN OBELISKEN
MIDLU "PÖKELFLEISCH"

by
Karlheinz Deller

REKONSTRUKTION VON VTE 438 AUF GRUND VON ERRA III A 17

by
Kazuko Watanabe

This issue contains three short textual and two short lexical studies. First, the School tablet, *STT* 366, is shown to contain excerpts of two previously unattested literary compositions, one a kind of play and the wedding of the goddess Banitu, the other a historical narrative of an unnamed king. Second, different texts show that the existence of a king of Arrapḫe named Muš-teja can safely be assumed. Third, *VTE* 438 is shown to have an even more exact parallel to Erra than previously assumed.

Lexically, the word *Udūmu* "monkey" is shown to be a ghost-word; and finally, references are provided for *midlu* in the concrete sense of "pickled meat."

Table of Contents

STT 366
DEUTUNGSVERSUCH 1982

Karlheinz Deller
Universität Heidelberg

On the following pages a new attempt is made to interpret the school tablet STT 366 containing excerpts of two otherwise unattested literary compositions. The first seems to belong to a kind of scenario for a play about the wedding of the goddess Banitu. Her (unnamed) consort's chariot is described in detail (11.4-13) while the opening and concluding lines depict the harnessing of Banitu's maširu wagon and her trip to the juniper garden. Evidence to identify the god is slim but he might be Ninurta. The second extract belongs to a historical narrative in which an (unnamed) king surrenders to a conquistador by the name of Na'id-Šiḫu after a heated dialogue with him.

Dreissig Jahre nach seiner Entdeckung und fünfzehn Jahre nach seiner Erstbearbeitung[1] erlaube ich mir, einen neuen Versuch der Deutung des Schülertäfelchens STT 366 vorzulegen. Es ist im Querformat beschriftet und enthält zwei Exzerpte ansonsten unbekannter, inhaltlich nicht miteinander verknüpfter Kompositionen[2]. Ein Kolophon fehlt, beide Exzerpte weisen eine Reihe von Zeichenauslassungen und Schreibfehlern auf[3]. Diese Elemente reichen hin um STT 366 als school tablet zu charakterisieren. Sollte uns der Zufall einmal Manuskripte aus Meisterhand bescheren, müsste STT 366 als Quelle zweiten Ranges eingestuft werden, deren Grapheme und Formen nicht unbesehen als Norm gelten dürfen. Neben der noch unausgereiften Kompetenz des Schreibers erschweren Oberflächenschäden besonders im Mittelteil der Zeilen 11-16 das Verständnis. Als cruces textus sind die Zeilen 15, 21 und 26 anzusprechen.

Die beiden Exzerpte weisen eine gut erkennbare Disposition auf:

Banitu-Text (Z.1-20):

- Z. 1- 3 Bereitstellung des maširu-Wagens für Banitu;
- Z. 4-13 Zurüstung des Streitwagen(modell)s:
  - Z. 4- 6 je eines Bestandteils;
  - Z. 7-11 je zweier Bestandteile;
  - Z.12-13 Bespannung mit den Zugtieren;
- Z.14-20 Fahrt der Banitu nach dem Wacholdergarten im maširu-Wagen.

Beiden Fahrzeugen sind somit je zehn Zeilen gewidmet (1-3, 14-20 für maširu; 4-13 für narkabtu).

Na'id-Šiḫu-Text (Z.21-29):

- Z.21 (Ende der) Rede des Na'id-Šiḫu;
- Z.22 Überleitung des Chronisten;
- Z.23-26 Dialog zwischen dem König (a) und Na'id-Šiḫu (b);
- Z.27-28 Bericht des Chronisten Z.29 Wort des Königs an seine Stadt.

1 [d.Ba]-ni-tu$_4$ ul-tu ⸢É⸣ ḪI.LI-šá a-na GIŠ.KIRI$_6$ GIŠ.⸢LI⸣ ṣa-ma-⸢du⸣ [iq-ta-bi]

2 ⸢ul-te-ṣu⸣-ú-ni GIŠ.ma-⸢ši⸣-ri ša KÙ.BABBAR GIŠ.man-⸢da⸣-na iṣ-ṣa-an-du ⸢ša⸣ K[Ù.GI]

3 ul-te-ṣu-ú-ni ina+muḫ-ḫi it-ta-du-ú SÍK.ḪÉ.MED SÍK.<ZA.GÌN>.GE$_6$-tú (SÍK.ár-ga-ma[n-nu]

4 ul-te-ṣu-ú-ni GIŠ.GIGIR ⸢KÙ⸣ GIŠ.<NA$_4$>.KIŠIB.ŠÁ[R!.R]A! IZ-za-'i-nu du-muq (NA$_4$.MEŠ

5 ul-te-ṣu-ú-ni <GIŠ>.NA$_4$.KIŠIB!.BA[R!.R]A! ⸢NA$_4$⸣.x[.]-ni-tú ša SA$_5$.MEŠ (uḫ-ḫu-zu ⸢KÙ⸣.[G]I liq-tu$_4$

6 ul-te-ṣu-ú-ni a-ri-tú ⸢ša⸣ GIŠ.N[U$_{(11)}$.GAL] ša nu-úr-šú ú-nam-ma-ru ⸢kala⸣ (KUR.KUR

7 «i» sin-nu NA$_4$.aš-pu-u ša U$_4$.SAKAR [kul]-lu-⸢mu⸣ sar-ra-ra il-ta-du-u ša (ZÚ AM.SI

8 KUŠ.PA.MEŠ te-qe-e-tú ša ⸢ṣa⸣-ri-ru ⸢aš⸣-lu uš-tar-ši-du ša SÍK.⸢ḪÉ⸣.MED

9 ina+É iš-pa-tú GIŠ.PAN uk-⸢ti⸣-nu ⸢la⸣-ḫa-r[u]-uš-ak un-dal-LI GI.MEŠ eb-⸢bu⸣-tú

10 iš-tuḫ-ḫu NA$_4$.d.LAMMA ša KÙ.[G]I ṣab-tu$_4$ dír-ra-tú il-tak-nu ša ZÚ ⸢AM⸣.SI

11 ⸢qar⸣-né NA$_4$.BABBAR.DIL NA$_4$.NÍR ⸢NA$_4$⸣.MU[Š].G[Í]R ma-šad-du ra-'i-iz a-di (qi-ti-šú

12 ⸢ul-te⸣-ṣu-ú-ni ANŠ[E.KU]R.R[A.M]EŠ [. .]x til-li ut-tal-lil-lu$_4$ ⸢ša⸣ šu- (kut-tú

13 ḪAR-⸢ba-kan⸣-nu buru-mu-tú x[.]x[. . .] ŠEŠ.MEŠ šu-ta-ḫu-ú-t[i]

14 [G]IŠ.GIGIR ⸢KÙ⸣ lul-lat ù ḪA[R-. .]x x[. il-t]ak-nu ina+GIŠ.ma-ši-⸢ri⸣

15 [.] BE NA$_4$.UGU.⸢AŠ⸣.GÌ.GÌ ša NA$_4$ [. . .]x x[. .]x-a-ti na-šá-ni a-na (GIŠ.⸢KIRI$_6$⸣ GIŠ.LI

16 [GIM i]t-ta-ṣa-a šar-rat [. .]ḪI x[.] na-pi-ḫi d.UTU ina+GABA-šá

17 [uš-š]ab ina+GIŠ.ma-ši-⸢ri⸣ ⸢i⸣-ra-ši il-lak a-na GIŠ.KIRI$_6$ GIŠ.LI

18 [. .]x-a d.Ma-lu-⸢li⸣-ti GIŠ.ma-ši-ri i-šad-da-⸢da⸣ ša ⸢d⸣.Ba-ni-tu[$_4$]

19 <ina> I[GI-š]ú d.DI.KU$_5$ ⸢il!-lak⸣ ina EGIR-šú il-lak d.ÌL-MAR.TU

20 d.BU-ŠÁ-li-ti šar-⸢rat⸣ [B]ÀRA mu-qa-tir-a-⸢ti⸣ na-šá-a-ti š[a e]r-ši š[i-na]

---

21 Aḫ-la-mat(a) aḫ-ta-bat ⸢a-di⸣ kal(a) la ma < >-ši-na-ma

22 LUGAL TE-⸢su id⸣-di-ma it-[ti] 1.Ì-d.Ši-[i-ḫ]u i-da-bu-ub

23 L[Ú.ERIM.MEŠ ina] ⸢ŠÀ⸣! KUR-ti-ka te[r]-ra 1.Ì-d.Ši-i-ḫu la i-lu-u <a->KUR-i

24 a+a-in nu-šá-gi-il ik-kal-lu GIŠ.GEŠTIN is-sa-tu-u a-di šá-⸢ka⸣-ár-ti

25 lu-ter-u-ni ḫu-BU-ti GIŠ.PAN-ka LÚ.KÚR a-KUR-i la ú-⸢še-li⸣-šú-nu-ti

26 ša ḫu-ṭa-ru a-dak at-ta ti-gal LÚ ú-re-e a-na-k[is-su-nu-t]i

27 ⸢URU⸣ ṣa-bit ⸢ši-i⸣-ḫu GAL-ú ul-te-ri-du-u-ni <ina> MAŠ.SÌLA.ME[Š-šú-nu]

28 [š]a LUGAL ina+⸢GIŠ⸣.GIGIR-šú di-in-di in-da-la-a IGI.2.MEŠ-šú

29 [u]l-tu u$_4$-mu an-NA-e GAL.MEŠ 1.⸢Ì⸣-d.Ši-i-ḫu ina pa-ni-ku-nu-m[a]

---

1 Banitu befahl, aus dem Hause, das von ihrem Liebreiz (erfüllt ist), nach dem Wacholdergarten anzuspannen.

2 Sie brachten heraus den maširu-Wagen aus Silber, sie spannten an den madnanu-Wagen aus Gold.

3 Sie brachten heraus (und) legten darauf (Decken aus) roter Wolle, blauer Purpurwolle (und) roter Purpurwolle.

4 Sie brachten heraus den heiligen Streitwagen: sie schmückten das ḫaršû mit den schönsten Edelsteinen.

5 Sie brachten heraus das taktaku: die Intarsien von ...-Steinen waren in erlesenem Gold gefasst.

6 Sie brachten heraus das arītu aus Alabaster, dessen Licht alle Fremdländer erhellt.

7 Die 'Monde' (der Scheibenräder) aus Jasper, 'der die Mondsichel zeigt', verbanden sie miteinander durch Bolzen aus Elfenbein.

8 Die Zügel waren gülden gefärbt; das Seil aus roter Wolle verankerten sie fest.

9 Im Bogenfutteral machten sie den Bogen fest; den Köcher füllten sie mit reinen Rohrpfeilen.

10 An dem Peitschenstiel aus Lamassu-Stein, der in Gold gefasst war, befestigten sie die Peitschenschnur aus Elfenbein.

11 Die Hörner waren besetzt mit pappardilû-Stein und Chalzedon; die Deichsel war mit mušgarru-Stein eingelegt bis zu ihrem Ende.

12 Sie brachten heraus die Pferde ..., zäumten sie auf mit Schmuckgeschirr,

13 Die bunten Ponies ..., die paarweise (angeschirrten) Brüder.

14 Der heilige Streitwagen war prächtig ausgestattet und ... sie stellten (ihn?) in den maširu-Wagen.

15 Ein ... aus Türkis, das mit ...-Steinen ..., bringen die ... zum Wacholdergarten.

16 Nachdem die Königin des ... herausgetreten war - eine Sonnenscheibe war auf ihrer Brust 'aufgegangen' -

17 nimmt sie im maširu-Wagen Platz (und) fährt unter Jubel nach dem Wacholdergarten.

18 fGN (und) Malulitu ziehen den maširu-Wagen der Banitu.

19 Vor ihm geht Mandanu, hinter ihm geht Il-Amurri.

20 Bušalitu und Šarrat-parakki sind diejenigen, welche räuchern (und) das Bett bringen.

---

21 "Die Aḫlamäerinnen habe ich geraubt samt all ihren ...".

22 Der König hörte nachdenklich zu und redet mit Na'id-Šiḫu:

23 "Bring die Truppen mir in dein Land zurück, Na'id-Šiḫu!"
"Sie werden bestimmt nicht ins Gebirge hinaufsteigen".

24 "Womit sollen wir sie verköstigen? Sie werden essen wollen!"
"Sie werden Wein trinken bis zur Trunkenheit".

25 "Sie mögen deinen Beuteanteil mit sich zurückführen, Feind!"
"Ich werde sie nicht in das Gebirge hinaufführen".

26 "Ich werde den 'Stabträger' töten; verlass dich darauf, Mann! Ich werde die Zuggespanne abschlachten".

27 Die Stadt ist eingenommen. Sie haben das grosse Fass auf ihren Schultern heruntergebracht.

28 Die Augen des Königs, der in seinem Streitwagen (stand), füllten sich mit Tränen.

29 "Von diesem Tage an werden die Offiziere des Na'id-Šiḫu eure Vorgesetzten sein".

A. Der Banitu-Text

1: Das Exzerpt beginnt mit dem Namen der Protagonistin, ergänzt nach Z.18. Wer ist die Göttin Banitu, welchen Ort nimmt sie im babylonisch-assyrischen Pantheon ein? Der Takultu-Text STT 88 listet eine d.⌜Ba-ni⌝-tú III 6 unter den Göttern des Aššur-Tempels von Ninua auf(4); ansonsten scheint ihr Name nicht in Götterlisten geführt zu werden. Ausser dem vorliegenden Text gibt es keinen Beleg für einen Tempel oder Kult der Banitu. In überraschendem Kontrast zu dieser eher dürftigen Bezeugung des Gottesnamen Banitu steht dessen häufige Verwendung in neuassyrischen(5) und mehr noch neubabylonischen(6) Personennamen, männlichen wie weiblichen, wobei die logographischen Schreibungen (d.DÙ-tú/tu_4/ti) überwiegen. Nicht weniger bekannt ist dieses Theonym aus dem Kanalnamen ÍD-d.Ba-ni-ti/tú bzw. ÍD-d.DÙ-ti/tú mit nB und spB Attestation(7). Auf der Karte S.Parpolas(8) verläuft der Banitu-Kanal von Babylon in östlicher Richtung über Kiš(9) bis zum Tigris; etwa in der Mitte seines Verlaufs führt eine Abzweigung wohl gleichen Namens(10) in südöstlicher Richtung bis Nippur. Die Stadt Babylon verliess der Banitu-Kanal beim Zababa-/Ninurta-Tor(11); innerhalb der Stadtmauern Babylons dürfte der Banitu-Kanal mit dem Libilḫegalla-Kanal identisch gewesen sein(12). Auch der Ortsname URU.Ba-ni-tu(13) und das Gentilicium LÚ.Ba-ni-ta-a+a(14) dürften sich auf Ansiedlungen längs des Banitu-Kanals beziehen. Einen Banitu-Kanal gab es jedoch auch im Gebiet von Uruk(15).

Aus der Verwendung des Theonyms in Personen- und Kanalnamen lässt sich freilich die Göttin Banitu nicht näher identifizieren; sie grenzen ihre Verehrung jedoch zeitlich ein auf die nA/nB/spB Zeit. Belege aus dem 2. Jahrtausend fehlen bisher gänzlich. Eine Neuschöpfung ist darum wenig wahrscheinlich; auch die Annahme, Banitu sei eine Abkürzung aus Zarbanitu, des Namens der Gemahlin Marduks(16) wird sich kaum halten lassen. Am ehesten vertretbar scheint noch die Erklärung als verselbständigtes Epitheton(17), das allerdings für eine ganze Reihe von Göttinnen stehen kann(18).

STT 366 selbst böte Z.16 und Z.18-20 Anhaltspunkte zu ihrer Identifikation, falls nach šar-rat [ein Toponym mit Sicherheit ergänzt werden könnte und die vier Göttinnen und zwei Götter ihres Gefolges in dieser Kombination anderswo nachweisbar wären.

Weiter führt möglicherweise eine nB Urkunde aus der Zeit Sanheribs, die das Götterpaar d.MAŠ und d.Ba-KUR sowie ihren Tempel Etenten in der südbabylonischen Stadt Ša-uṣur-Adad erwähnt(19). Eine der möglichen Lesungen von d.Ba-KUR ist d.Ba-nat. Morphologisch gesehen würde sich d.Bānât zu d. Bānītu verhalten wie der Status absolutus zum Status rectus. Es wäre zwar ein ziemlich unwahrscheinlicher Zufall, wenn das erwähnte Götterpaar von Ša-uṣur-Adad identisch wäre mit dem für STT 366:1-20 zu supponierendem Paar, doch die Verbindung Ninurta-Banitu ist damit auch für andere Städte in den Bereich des Möglichen gerückt. Der Name der Gemahlin Ninurtas variiert ohnehin örtlich und zeitlich: Bau, Gula, Ninkarrak, Nintinugga, Ninnibru bzw. Ungalnibru, Bēlet Nippuri(20).

Der sehr aufwendige, STT 366:4-13 beschriebene Götterstreitwagen schränkt die Zahl der dafür in Frage kommenden Götter bereits ziemlich ein und die Wahrscheinlichkeit ist hoch, dass er sich unter den Ḫḫ V 7-14 genannten Götterwagen findet. Der Ninurta-Wagen ist Z.11-13 dadurch besonders hervorgehoben, dass für ihn drei Namen überliefert werden(21).

Obwohl nur die Göttin Banitu mit Namen genannt ist, kann aus dem Ziel der Ausfahrt geschlossen werden, dass noch ein Gott mit im Spiel ist: die Ausdrücke ana kirî burāši ṣamādu (Z.1) bzw. ana kirî burāši alāku (Z.17) deuten auf den Vollzug einer Götterhochzeit, denn das literarische Motiv "in einen Garten gehen" -so das Resultat einer Studie von J. und A. Westenholz- "always occurs in love poetry, of which it is, so to speak the hallmark"(22). Ihre Auffassung wird voll bestätigt durch TIM 9,54, einer nA Komposition von der Heiligen Hochzeit des Götterpaares Nabû und Tašmetu(23). Das erwähnte Motiv erscheint hier sogar verdoppelt: "Mit dir, mein Nabû, will ich in den Garten kommen" (Rs 16'-18') und "Meine Tašmetu soll mit mir in den Garten kommen! (Rs 25'). Die Analogie zu STT 366:1 ist geradezu perfekt: Tašmetu fordert ihre Dienerinnen (wohl die in Vs 20 erwähnten d.ištar.MEŠ) auf, den Wagen dorthin anzuspannen: am-mì-i-ša ru-uk-sa : ṣa-mì-da-a (Rs 22').
É ḪI.LI, bīt kuzbi, ist hier, da von Possessivsuffix gefolgt, nicht Tempelname im strengen Sinn, doch ist ein Anklang an é ḫ i. l i. a n. n a(24), é ḫ i. l i. k ù. g a(25) und k á. ḫ i. l i. s ù(26) unverkennbar.
Der Infinitiv ṣamādu ist elliptisch gebraucht, sein Objekt maširu wird erst in der folgenden Zeile genannt.
Die Ergänzung [iq-ta-bi] folgt dem Tempusgebrauch der Z.1-14.

2: Für das Verständnis von STT 366:1-20 ist von entscheidender Bedeutung, dass man die Fahrzeuge GIŠ.ma-ši-ri (Z.2.14.17.18) und GIŠ.GIGIR (Z.4.14) klar auseinanderhält; durch ihre vorweggenommene Gleichsetzung(27) könnte der Blick für das eigentliche Geschehen verstellt werden. GIŠ.ma-ši-ri ist das Gefährt, in dem Banitu Platz nimmt (Z.17) und damit in den Wacholdergarten fährt (Z.17); gezogen wird es von zwei Göttinnen (Z.18). Es gehört zusammen mit madnanu, majjaltu (GIŠ.MAR.ŠUM), maršu, marašu und ša šadādi zu jenen Landfahrzeugen, die der Personenbeförderung unter Ausschluss der militärischen Verwendbarkeit dienen. Dafür ist der Terminus GIŠ.GIGIR, narkabtu, vorbehalten, mit dem aber auch die Prunkwagen von Göttern und Königen bezeichnet werden. (Ausser Betracht können hier Fahrzeuge zur Beförderung von Lasten wie eriqqu, ṣaparru, ṣumbu bleiben). Der Typ maširu(28) ist nur aus einsprachigen Texten(29) mit deutlicher Konzentration in mB Texten(30) bezeugt. Das Wort majjāltu ist vor allem aus lexikalischen Texten(31) bekannt; die syllabischen Schreibungen entstammen fast gänzlich "randakkadischen" (Chagar Pazar, Mari, Shemshara, Nuzi und Boğazköy) Quellen. Das Mittelbabylonische kennt keine syllabischen Schreibungen von majjāltu, jedoch zwei Belege für GIŠ.MAR.ŠUM(32) in Kontexten, die jenen ähneln, die maširu enthalten. Es darf deshalb vermutet werden, dass im mB GIŠ.MAR.ŠUM (auch) für maširu verwendet wird. Die aus den Belegen für GIŠ. MAR.ŠUM und majjāltu gewonnene Information könnte somit auch für maširu gelten. Sollten also GIŠ.GIGIR und GIŠ.MAR.ŠUM typische Fahrzeuge für Götter bzw. Göttinnen sein? Dem widerspricht zwar Ḫḫ V 9-10 (g i š. g i g i r d.E n. l í l. l á g i š. g i g i r d.N i n. l í l. l á), Išme-Dagan von Isin unterscheidet jedoch klar zwischen dem g i š. g i g i r. m aḫ für Enlil(33) und dem g i š. m a r. š u m für Ninlil(34). Es scheint, dass diese Distinktion auch in STT 366:1-20 vorliegt.
Neben GIŠ.ma-ši-ri wird Z.2 noch ein GIŠ.man-⸢x⸣-na genannt. Da es Objekt zu iṣṣandū ist, wird es wohl ebenfalls ein Fahrzeug bezeichnen. Ich lese tentativ GIŠ.man-⸢da⸣-na, würde aber auch GIŠ.mad!-⸢na⸣-na nicht ausschliessen.

Es liegt jedenfalls das Wort madnanu A (eventuell mit Metathesis *mandanu) "a type of chariot or wagon"(35) vor, das zweimal(36) mit majjāltu geglichen wird. Wenn man annimmt, dass der maširu der Banītu ebenso wie der g i š. m a r. š u m der Ninlil aus den Materialien Silber und Gold bestand, wäre die Verwendung zweier Synonyme ein geeignetes Stilmittel, um (in akkadischer Wortfolge) kaspu und ḫurāṣu im Satz gut verteilt unterzubringen. Gegen die Synonymität von GIŠ.ma-ši-ri und GIŠ.man-da-na spricht allerdings der mB Text UM 2/2,63, in dem ma-ad-na-nu Z.2 und ma-ši-ru Z.13 kontradistinguiert werden.

3: Für die Emendation SÍK.<ZA.GÌN>.GE$_6$-tú vgl. CAD A/2 253b, wo "blue purple wool" bereits "black wool"(37) korrigiert; die Reihung lautet tabarru, takiltu, argamannu.

4: Mit ultēṣûni narkabtu elletu wird die Schilderung der Zurüstung des Götterstreitwagens eingeleitet, die sich über zehn Zeilen erstreckt. Z.14, wiederum mit narkabtu elletu beginnend, bringt narkabtu irgendwie - die Textzerstörung in der Zeilenmitte verbietet eine nähere Präzisierung - mit dem maširu in Verbindung. Es erscheint keineswegs ausgeschlossen, dass narkabtu elletu selbst Objekt zu ilt]aknū ina maširi ist, denn in manchen Texten ist es nicht möglich "to decide whether they refer to the actual vehicle or to its model"(38). Der Gesamtdeutung des Textes würde diese Annahme keinen Eintrag tun.
Zu Z.2 wurde festgestellt, dass GIŠ.GIGIR in der Regel den Zeremonialstreitwagen einer männlichen Gottheit bezeichnet(39) und zu Z.1 wurde Ninurta eine gewisse Wahrscheinlichkeit zuerkannt, der Partner der Göttin Banitu zu sein. Es darf daher nicht überraschen, hier (und Z.14) den Terminus GIŠ.GIGIR KÙ anzutreffen, mit dem Gudea den Streitwagen Ningirsus(40), also des 'Vorläufers' Ninurtas bezeichnet.
Z.4-6 bilden eine eng verzahnte Einheit: jeweils durch ultēṣûni eingeleitet wird in jeder Zeile nur ein Wagenteil (Z.7-11 hingegen je zwei) abgehandelt; die drei Wagenteile gehören real wie lexikalisch eng zusammen: ḫaršû, taktaku, arītu wie in Ḫḫ V 68-70, wenn auch in vertauschter Reihenfolge 69.68.70. Es bedarf eigentlich nur geringfügiger Retuschen an der Autographie, um zu GIŠ.<NA$_4$>.KIŠIB.ŠÀ[R!.R]A! (Z.4) und <GIŠ>.NA$_4$.KIŠIB!.BA[R!.R]A! (Z.5) zu gelangen, wobei die beiden Zeichenauslassungen auf das Konto des Schreiberschülers gehen. Das syllabisch geschriebene a-ri-tú (Z.6) fügt sich zwanglos ein; das dafür überlieferte Wz. ist GIŠ.NA$_4$.KIŠIB.A.ŠÀ.GA.
Für ḫaršû vgl. AHw 328b und CAD Ḫ 116a/b. IZ-za-'i-nu statt uzza''inū ist Vokalisationsfehler des Schreibers oder eine ü-Schreibung.

5: Für taktaku (tagdaku) s. AHw 1309a; MSL 6,11:68 ist entsprechend zu ergänzen. Der Schmuckstein endet wohl auf -ānītu; für die Ergänzung NA$_4$.1[u$_4$-lu$_4$-da]-ni-tú (s. AHw 563a und CAD L 243b/244a) ist jedoch zu wenig Platz. SA$_5$.MEŠ kann eigentlich nur der Plural von tamlû, "(Stein-)Einlage, Intarsie" (AHw 1316a 2) sein, auch wenn das Wz. SA$_5$ sonst nicht dafür bezeugt ist. Für ḫurāṣu liqtu s. AHw 555b und CAD L 207b.

6: Für arītu s. Ḫḫ V 70 und CAD A/2 271a, arītu C. Die Verbuchung dieses Belegs CAD A/2 269b unter arītu A 1.a)1' ist inkonsequent. Wie schwierig jedoch die Unterscheidung zwischen arītu A und arītu C sein kann, zeigt der nA Inventartext ND 10015 aus Fort Shalmaneser(40): darin werden a-ri-a-te-ši-na URUDU (Z.21) von 20 GIŠ.a-ri-tú (Z.25) unterschieden.

Dass hier gišnugallu "Alabaster" vorliegen muss, ergibt sich aus einem Vergleich des Satzendes ša nūršu unammaru kala mātāti mit kīma gišnugalli nūri limmir BMS 12:69.
Die semantische Bestimmung von taktaku, ḫaršû, arītu steht noch aus, vor allem auch deshalb, weil die in MSL 6,11 vorgelegte Rekonstruktion von Ḫḫ V 68-70 A.Salonen 1951 bei Abfassung seiner Landfahrzeuge noch nicht vorlag (vgl. S.174). Wenn das allen drei Terminis gemeinsame Element NA_4.KIŠIB einen Sinn haben soll, wird man sie im Bereich des Fahrwerks, der Radaufhängung zu suchen haben. Für die sumerologische Bemühung um die drei Termini in Z.4-6 vgl. MSL 6,11 Forerunners to 68-70; M.Civil, JAOS 88,8 s.v. g i š. DUB; J.S.Cooper, AnOr 52,110 ad 60. Die detaillierte Beschreibung der Wagenteile in STT 366:4-13 wird diesem Text einen prominenten Platz innerhalb der chariot literature (vgl. W.G. Lambert, Symbolae F.M.The De Liagre Böhl, 275-280) sichern.

7: Die Z.7-11, eingerahmt von ulteṣûni-Zeilen, beschreiben pro Zeile je zwei Wagenteile, die eng zusammengehören: Zügel-Leine; Bogenfutteral-Köcher; Peitsche-Peitschenschnur; Hörner-Deichsel. Es steht daher zu vermuten, dass dies auch für Z.7 gilt, also i-sin-nu in unmittelbarer Nähe von sarrāru gesucht werden muss, sowohl in re als auch in Ḫḫ. In der Quelle ST (= S.U.51/51+) folgen unmittelbar aufeinander Ḫḫ V

90a	g i š. UD.SAR. m a r - g í d - d a	ši-in-nu
91	g i š. k a k - UD.SAR - m a r - g í d - d a	sar-ra-ru

Diesen lexikalischen Befund projiziere man auf die Zeichnungen 8-9 bei A.Salonen, Landfahrzeuge, S.117: g i š. UD.SAR stellen die halbmondförmigen Segmente des Scheibenrades dar. Daraus folgt, dass i-sin-nu = ši-in-nu. Da offensichtlich keines der beiden Grapheme den erforderten Lautstand /sinnu/ = /sînu/ "Mond" (s. AHw 1048a) wirklichkeitsgetreu wiedergibt, wird man ši-in-nu als nA Graphem für gesprochenes /sinnu/ (vgl. GAG § 30d) und i-sin-nu als Hörfehler des Schreibers für sin-nu erklären müssen. Sîn verhält sich zu sînu wie Šamaš zu šamšu, also wie Status absolutus zum Status rectus. Für den Steinnamen ašpû ša uskaru kullumu vgl. CAD I/J 328a/b und bes. Erica Reiner, JNES 26,196-197 Anm.21: der Bezug von UD.SAR im Steinnamen zu UD.SAR in Ḫḫ V 90a-91 liegt auf der Hand und ist sicher beabsichtigt.
AHw 1030a bestimmt sarrāru als "Rundkopfnagel", wohl aus der Überlegung heraus, dass das Profil dieses g i š. k a k halbmondförmig (UD.SAR) sei. Man kann den sumerischen Ausdruck in Ḫḫ V 91 aber auch als "Pflock (o.ä.) zur Verbindung der mondsichel-/halbmondförmigen Segmente des Scheibenrades" auffassen. Dann kommt es sehr auf die Deutung des Verbums il-ta-du-u an. AHw 1125a verbucht die Form, als Korrekturzusatz und mit der Einschränkung "unkl.", unter dem Verbum šadû IV. Da der Schreiber von STT 366 in Z.24 und 26 statt der Media die Tenuis schreibt, könnte auch il-ta-du-u für *iltatû, Perfekt von šatû III (AHw 1203a) "knüpfen" stehen. Es könnte ja eine im Wagenbauerhandwerk übliche Spezialbedeutung "(Holzteile) mittels Bolzen oder Dübel untereinander verbinden" vorliegen.
Aus Z.7 geht klar hervor, dass der Streitwagen Scheibenräder hat. Dies könnte ein weiteres Indiz sein, dass es sich um ein Streitwagenmodell, und nicht um einen realen Wagen handelt.

8: Für tēqītu "ein Paste" s. AHw 1348a und M.-Th.Barrelet, RA 71,57: "Ils pourvurent le char de rênes à 'décoration' en or flamboyant (et) de cordes à haler, lesquelles étaient en laine rouge". Für den zweiten Teil des Satzes vgl. AHw 960b rašādu Š (wo statt nabāsi jetzt tabarri einzusetzen ist); neben der atypischen Verwendung von šuršudu fällt die Setzung von ašlu "Seil,Leine" auf, die nicht zur Terminologie des Wagens, sondern des Schiffs gehört. Auch darin könnte man ein Indiz sehen, dass von einem Wagenmodell die Rede ist.

9: Für É iš-pa-tú "Bogenfutteral" vgl. Ḫḫ VII 49-51, spez.51 g i š. é - b a n = iš-pa-t[u]. In dem bereits erwähnten([41]) nA Inventartext aus Fort Shalmaneser, ND 10015 (CTN III 96) findet sich Z.24 der Eintrag: [1] É GIŠ.PAN SUMUN qup-p[a]-⌜te⌝ [ ]. - Für laḫarušak vgl. AHw 528a laḫaruḫšu; CAD L 40a/b laḫaruššu und M.Civil, JAOS 88,8b/9b s.v. é - s u - l u m - m a. Die dort Anm.54 erwogene Ableitung < *lū aḫruš-ka/šu entbehrt nicht der Attraktivität. - un-dal-LI dürfte Fehler des Schreiberschülers für den Plural undallû sein.

10: Für ištuḫḫu "Peitsche(nstiel)" vgl. AHw 402b und 1564b; CAD I/J 288a/b. Auffällig ist noch der Beleg IM 6818:15([42]) (Felder, Häuser ...) GAL u mi-ṣú tù-ur-tù-ru ša il-tu-uḫ-ḫi in einer Nuzi-Erbteilungsurkunde aus kassitischem Milieu (Archiv der Familie Takurram). Im mA/nA ist ištuḫḫu durch maḫītu ersetzt. - Aus aban lamassi (CAD L 65b/66a; nach AHw 533a ist die Lesung unsicher) ist u.a. das Siegel des Urzana von Muṣaṣir gefertigt (TCL 3,S.XII). - Zu dirratu (tirratu) "Schnur (der Peitsche)" vgl. AHw 173a und 1361b (tirratu); CAD D 160a/b. E.Reiners Deutung von šinni pīri als "ivory barbs (on the whip)" kann nicht unwidersprochen übernommen werden. Die Deutung wird verschieden ausfallen, wenn man vom realen Wagen oder einem Modell ausgeht.

11: Auch diese Zeile muss zwei Bestandteile des Wagens enthalten; drei Schmucksteine lassen sich darauf nur verteilen, wenn ein Bestandteil als paarig angenommen wird; ich lese darum am Zeilenanfang ⌜qar⌝!-né "Hörner" (vgl. Ḫḫ V 25-27 und AHw 904b C5), die dann mit pappardilû und ḫulālu geschmückt wären. - Für mašaddu "Deichsel" vgl. Ḫḫ V 46; AHw 622b/623a; CAD M/1 350b/351a; M.Civil, JAOS 88,13 g i š. m a - g í d. - Statt eines Perfekts steht in dieser Zeile ein Stativ, ra'iz, vgl. AHw ra'āzu, rêzu.

12: Z.12-13 gehören eng zusammen; die Bezeichnungen für die Zugtiere ANŠ[E.KU]R.R[A.M]EŠ und ḪAR-⌜ba-kan⌝-nu verhalten sich zueinander wie Genus und Species. Der Terminus ḪARbak(k)annu (AHw 324b, Bez.einer Art Esel oder Pferd; CAD Ḫ 96b/97a, a breed or color of horses and donkeys) war erst jüngst Gegenstand der Forschung: F.M.Fales([43]) sucht ḫ. als Farbe zu erklären, während B.Menzel([44]) als Deutung von ḫ. das kleine Pony vorschlägt, das M.A.Littauer([45]) in der Bildkunst eruiert hat. Leider haben beide Autoren es unterlassen, den Beleg STT 366:13 in ihre Überlegungen einzubeziehen, der durch die Apposition buru-mu-tú "mehrfarbige" dann möglicherweise nicht mehr für Pferdefarben in Anspruch genommen werden kann. Alle Belege für ḫ. ausser dem hier zu besprechenden entstammen nA Texten, und zwar --sieht man von ADD 988:11 ab([47])-- sämtlich den Nerigal-Pönalklauseln des Typs 4([48]) ḪARbak(k)annu ina GÌR.2/KI.TA d.Nerigal ušerrab. Dass GÌR.2 bzw. KI.TA den GIŠ.GIGIR ša d.MAŠ.MAŠ([49]) meint, hat B.Menzel bereits festgestellt([50]). Der älteste Beleg für ḫ. ist CTN II 17:22 aus dem Jahr 783 v.Chr.; diese Schwelle sollte bei der Datierung des Banituexzerpts nicht überschritten werden. Angaben über die Bespannung des Streitwagens des Ninurta sind mir aus anderen Quellen nicht bekannt.

Vom D-Stamm tullulu/tallulu "aufzäumen" (AHw 1369a) sind bisher nur der Stativ tal-lul!-u-ni ABL 32 = LAS 29:15 (nA) und das Perfekt ut-tal-lil-lu$_4$ hier bezeugt. Das davon abgeleitete Substantiv tallultu (AHw 1311b) ist i.d.B. "Geschirr für Pferde" nur nA nachweisbar; vgl. ausser den AHw-Belegen noch 1 GIŠ.GIGIR ša 1.10-ḫa-ti na-ṣa-an-ni : URUDU-šá tal-lul-ta-šá la-áš-šú ND 10015:11-13 = CTN III 96(51). - Pferdeschmuck ist aufgelistet in CTN II 150 und 152; zur Aufzäumung der Pferde vgl. M.A.Littauer, New Light on the Assyrian Chariot, OrNS 45,217-226 mit Tf.I-XIII.

13: Für šutāḫu bzw. šutāḫû,"paarig angeordnet", s.AHw 1291a (wo jedoch offen gelassen ist, ob es sich um Pferde oder Männer handelt). Man wird weitere Belege abwarten müssen, um entscheiden zu können, ob šutaḫû in Verbindung mit Gespannen einen Vierer-, Sechserzug usw. voraussetzt oder auch schon bei einem Zweiergespann sinnvoll gesetzt werden kann. Vorerst kann man sich nur auf die Analogie zu dem (nA) Nergal-Streitwagen verlassen.

14: Diese Zeile bildet den Übergang von der narkabtu-Sektion Z.4-13 zum zweiten Teil der maširu-Sektion; es ist darum ziemlich sicher, dass das Epitheton [G]IŠ.GIGIR ⌈KÙ⌉ aus Z.4 hier wiederholt wird. Für das folgende Wort bleiben also nur die Zeichen LUL.KUR übrig, die ich tentativ lul-lat "ist mit Fülle ausgestattet" (AHw 562b lullû II; CAD L lullû v. 242a/b, ullû Druckfehler) lesen möchte. - Die Zeilenmitte ist schwierig zu rekonstruieren; durch ù verbunden folgt am ehesten eine weitere Stativform des Typs parsat oder purrusat. - Am Zeilenende liesse sich iltaknū ina/ana maširi am leichtesten erklären, wenn narkabtu Objekt ist, also das Modell meint.

15: Gegenüber den männlichen Aktanten, die von ultēṣûni Z.3 bis iltaknū Z.14 das Geschehen bestimmten, stehen die Subjekte in Z.15.18.20 im Fem.Plur. Sie verbergen sich hier in]x-a-ti, ohne Parallelen oder Duplikate nicht rekonstruierbar. Die Vieldeutigkeit des Zeichens BE verhindert auch eine gesicherte Ergänzung des Zeilenanfangs. Der oder die Gegenstände sind aus NA$_4$.UGU.AŠ.GÌ.GÌ, "Türkis", dessen akkadische Lesung unbekannt(52) ist. So entgeht uns leider der Sinn dieser Zeile, die sicher ein für den Fortgang den Schilderung wichtiges Element enthält.

16: Vor der Verbalform i]t-ta-ṣa-a fehlt sicher noch ein Zeichen; syntaktisch wäre eine Subjunktion gut denkbar. Ich schlage deshalb [GIM i]t-ta-ṣa-a = kīma ittaṣâ "als sie herauskam" vor. - Banitu wird hier mit einem Epitheton šarrat ... genannt, dem, ebenso wie dem GN in Z.20, das Gottesdeterminativ fehlt. In na-pi-ḫi = napiḫ der einzige "überhängende" Vokal dieser Tafel.

17: Die Z.17-19 enthalten ausschliesslich Präsensformen; daher ist [uš-š]ab der Erg. [itta]šab vorzuziehen. - Zwischen ma-ši-⌈ri⌉ und ⌈i⌉-ra-ši fehlt wohl nichts; somit kann nicht iraššī "sie bekommt" vorliegen, das Graphem ist wohl eher als ina râši "mit Jauchzen" zu verstehen. Eine analoge Schreibung ist a-KUR-i Z.25 (danach Z.23 zu emendieren?). - Z.17 findet ihre literarische Entsprechung in Angim 63-64 "Into his ["Chariot], fit for battle", Lord Ninurta set foot"(53).

18: Entspricht Z.12-13: der narkabtu wird von vier? Ponies, der maširu hingegen von zwei Göttinnen gezogen; der Name der einen liesse sich nach Raum und Spuren leicht zu [d.Na-n]a-a ergänzen, stünden dem nicht theologische Rangordnungsprobleme entgegen. Den zweiten Namen kann man, nach dem Graphem -li-ti in Z.20, d.Ma-lu-⌈li⌉-ti lesen. Nachweisen kann ich diesen GN sonst nicht; es könnte sich um die fem.Nisbe zu mēlulu/mālulu "Spiel" (vgl. mēlulaju "playful", CAD M/2 15b) handeln. Der fem.Plural išaddadā erfordert als Subjekt wenigstens eine Zweizahl weiblicher Aktanten.

19: Wie in Z.17 ist auch hier auf den Parallelismus "Udanne, the all-seeing god, and Lugalanbadra, the bearded lord(?), go before him, and the awesome one of the mountains, Lugalkurdub, the [ ] of lord Ninurta, follows behind him" in Angim 65-68(54) zu verweisen. Das Suffix -šú bezieht sich allerdings auf den maširu-Wagen. Die Kombination Mandānu - Il-Amurri ist mir sonst nicht nachweisbar; sie könnte einen wichtigen Aufschluss über die Lokalisierung des Geschehens geben.

20: Zur Syntax des Schlussatzes: Nominalsatz mit "Kopula" šina und zwei Partizipien als Prädikatsnomina, muqattirāti und nāšâti ša erši. Die von CAD M/2 212b s.v. muqattirtu erwogene Deutung "she (the goddess) carries(?) censers" ist grammatisch unmöglich, weil das Verb dann našât (Sing.) oder našâ (Plur.) lauten müsste. Die Erg. š[a e]r-ši gewinnt an Wahrscheinlichkeit, wenn man der Deutung der Z.1-20 als Vorbereitung zu einer Götterhochzeit zustimmt. Das Wz. GIŠ.NÁ wäre zwar statistisch wahrscheinlicher, die Ergänzung entspricht jedoch den Spuren und wird auch von E. Reiner als Alternative erwogen. - Dass von bušālu (AHw 143a; CAD B 350a) der Name einer Göttin abgeleitet wird, ist mir schwer vorstellbar; ich möchte eher Schreibfehler des Schreiberschülers annehmen und d.Gu!-za!-li-ti "Thronträgerin" (vgl. AHw 300b; CAD G 147a) lesen. Sie ist hier gepaart mit šar-⌈rat⌉ [B]ÁRA, šarrat parakki (ohne Gottesdeterminativ wie in Z.16). Der Name dieser Göttin ist aus spB Uruk-Ritualen bekannt, RAkk 101 I 29' und II 9'; AO 7439+8648+8649:14' und Rs 12' (S.Lackenbacher, RA 71,39-50). Aus Assyrien ist vielleicht NIN BÁRA.M[EŠ?] STT 88 VIII! 1' (s. B.Menzel, Assyrische Tempel, T 134) hierherzuziehen.

Z.1-20 sind ein Exzerpt aus einer literarischen Komposition, die nach Ausweis der Stilmittel (an den Satzanfang gestellte Verben, am Satzende nachhallende aufgelöste Annexionen) als gehobene Prosa anzusprechen ist. Im Kontrast dazu steht die ganz und gar technische Terminologie besonders der Z.4-13. Inhaltlich ist zu vermuten, dass das Exzerpt der Anfang dieser Komposition ist. Möglicherweise ist der Text eine Art Anweisung für eine szenische Darstellung des Geschehens.

B. Der Na'id-Šiḫu-Text

Im Gegensatz zum Banitu-Text dürfte das zweite Exzerpt das Ende dieser Komposition sein; Z.21 führt deshalb medias in res.

21: Trotz der Mehrdeutigkeit des Zeichens AḪ in AḪ-ta-bat darf als ziemlich sicher angenommen werden, dass diese Zeile das Ende einer längeren Rede des Na'id-Šiḫu ist; also "ich habe die Aḫlamäerinnen geraubt". Vorausgegangen sein könnte etwa Aḫlamê addūk "ich habe die Aḫlamäer getötet", doch würde das implizieren, dass Aḫ-la-mat(a) in einem ethnischen Sinn zu verstehen ist. Diese Verwendung scheint vorzuliegen in dem Fragment eines "historical epic", Binning 2, das jüngst bekannt geworden ist(55). Vs 3 Ende ist dort die Rede von DUMU MÍ.Aḫ-la-mi-ti (oder DUMU.MÍ Aḫ-la-mi-ti). Relativiert wird diese Annahme jedoch durch die Passage EGIR-šú

2 d.ÙRI.GAL 3 d.Aḫ-la-mat(a) d.x[in dem bereits zitierten spB Ritual AO 7439+8648+8649 Rs 2' (RA 71,39-50), wo damit offenbar Kultgegenstände (neben urigallu-Standarten) gemeint sind. Das Gottesdeterminativ fehlt allerdings in STT 366:21. Bei dieser Sachlage wird man sich jedenfalls hüten müssen, auf Aḫ-la-mat(a) allein die chronologische Einordnung des Textes aufzubauen. Den zweiten Teil, "samt all ihren ...", wird man, entsprechend der Deutung des ersten Teils, verschieden integrieren müssen; vor -ši-na-ma muss der Schreiberschüler ein oder mehrere Zeichen ausgelassen haben.

22: Diese Zeile (ebenso wie Z.28, vielleicht auch Z.27) sind Worte des Chronisten. - Für lēta nadû vgl. AHw 546b ("nachdenklich zuhören") und CAD L 149b/150a ("to incline the head", as a gesture of listening). - Die beiden hier erstmals erwähnten Protagonisten, der 'König' und Na'id-Šiḫu, sind sicher in den vorausgegangenen Partien der Dichtung identifiziert worden. d.Ši-ḫu (einmal d.Ši-i-ḫu geschrieben) ist zwar ein kassitischer Gottesname, der teils mit Sîn, teils mit Marduk geglichen wird(56) und häufig als theophores Element kassitischer Personennamen erscheint(57), doch bemerkt bereits K.Balkan --ohne Kenntnis von STT 366:22.23.29 zu haben--: "Die Identität des neubabylonischen Elementes ^{d}Ši-i-ḫu in dem Personennamen ^{m}I-^{d}Ši-(i-)ḫu mit unserem Gott scheint uns nicht selbstverständlich"(58). Aus dem Namen Na'id-Šiḫu kann daher nicht gefolgert werden, dass das Exzerpt B in die Kassitenzeit zu datieren ist. Ob ein Zusammenhang zwischen dem Theonym d.Ši-i-ḫu und dem Gegenstand ⌜ši-i⌝-ḫu GAL-ú in Z.27 besteht, ist möglich, aber aus dem Text selbst nicht beweisbar.

23: Die vorgeschlagene Ergänzung dürfte in etwa den Sinn treffen; wegen illû muss es ein Mask.Plur. sein. Am Zeilenende könnte nach Z.25 in <a->KUR-i emendiert werden. - Z.23-26 ist ein Dialog zwischen dem König (erster Teil der Zeile) und Na'id-Šiḫu (zweiter Teil der Zeile). Für das Verständnis ist wesentlich, jeweils die Dialogfuge zu finden. Dabei sind 1.Ì-d.Ši-i-ḫu (Z.23), LÚ.KÚR (Z.25) und LÚ (Z.26) als Vokative zu verstehen, mit denen der König seinen Dialogteil jeweils beendet.

24: Der Zeilenanfang ist von den Autoren unterschiedlich gelesen und gedeutet worden: E.Reiner las ajinnu NINDA gi il ikkal(l)u, während AHw 1125b šagālu "beschlagnahmen" die Stelle mit ai (wehe?) tibnu (Stroh) šá-gi-il wiedergibt. Ich gehe davon aus, dass nu-šá-gi-il Prät. bzw. Kohortativ des Š-Stammes von akālu ist, das im Grundstamm unmittelbar folgt. Das Graphem Tenuis statt Media findet sich in literarischen Texten aus assyrischer Überlieferung nicht selten, vgl. ti-gal statt tikal Z.26; i-gi-il-tu-ma STT 65:29 und a-na šá-ga-ni-ja STT 65:25 (vgl. OrNS 34,459-460); sa-gi-lat TIM 9,54:12, Stat.constr. von sakiltu = bab. sikiltu. Das erste Wort der Zeile gehört sicher in die Kategorie der Frageadverbien (wie nA ajjaka, ajjiša) und ist vielleicht in ajj-ēn zu zerlegen (vgl. für diese Endung GAG § 113 g). Als Bedeutung legt der Kontext eigentlich "womit?" nahe. In der Antwort des Na'id-Šiḫu kann is-sa-tu-u nur für išattû stehen, ob man dies nun als Fehlleistung des Schreibers wertet oder als Versuch, die (individuelle oder regionale) Aussprache des Na'id-Šiḫu in "Lautschrift" wiederzugeben. Wenn ich den Text richtig verstehe, ist Wein wohl auch der Inhalt des ⌜ši-i⌝-ḫu GAL-ú aus Z.27. - Nach AHw 1139a ist šakartu "Trunkenheit" bislang nur hier bezeugt.

25: Der Prekativ lu-ter-u-ni ist ein klarer Assyriasmus (bab. literrūni). - ḫu-BU-ti ist "Umkehrschreibung" für ḫubti, den assyr. Stat.constr. (bab. ḫubut). Für den Ausdruck ḫubut qašti PN "one's share of the booty" vgl. CAD Ḫ 216b. - Weil die Antwort des Na'id-Šiḫu auf die Weigerung hinausläuft, seine Truppen abzuziehen, kann der Anfang der Zeile nur lauten: "sie sollen deinen Beuteanteil (in das Innere deines Landes, aus Z.23) zurückbringen!". Zu diesem Zweck hatte der König dem Na'id-Šiḫu, wenn ich Z.26 richtig verstehe, sogar eine Eskorte und Zuggespanne angeboten; dieses Angebot wurde jedoch brüsk zurückgewiesen.

26: Mit den Problemen dieser Zeile wird man am besten fertig, wenn man weiterhin Na'id-Šiḫu als Sprecher annimmt. - Der Titel ša ḫuṭāri ist sonst nur nA nachweisbar (AHw 362b; CAD Ḫ 265b), ferner LÚ*.ša GIŠ.PA a-na LÚ*.MAḪ.MEŠ-ni ND 10009:30 (CTN I Tf.47); aus diesem Beleg darf geschlossen werden, dass die ša ḫuṭāri fremdländische Gesandtschaften durch assyrisches Territorium als Eskorte geleiteten. "Ich werde den Stabträger töten" bedeutet somit: ich verzichte auf deine Eskorte, denn ich denke gar nicht daran, meine Truppen abzuziehen. - Der zweite Teil der Zeile müsste analog formuliert sein. Die Spuren erlauben die Ergänzung ú-re-e a-na-k[is-su-nu-t]i "die Zuggespanne werde ich abschlachten" mit gutem Parallelismus dâku (Mensch) : nakāsu (Tier). Na'id-Šiḫu will seine Beute gar nicht abtransportieren, er ist entschlossen, mit seiner Armee an Ort und Stelle zu bleiben. - ti-gal (für tikal) LÚ "darauf kannst du dich verlassen, Mann!" klingt nach Colloquial; Na'id-Šiḫu legt es geradezu darauf ab, den König zu brüskieren.

27: Ob diese Zeile die Rede des Na'id-Šiḫu fortsetzt oder als Bericht des Chronisten aufgefasst wird, beeinträchtigt ihre Deutung nicht. - Das erste Zeichen ist ziemlich sicher ⸢URU⸣. ⸢ši-i⸣-ḫu (AHw 1132b/1133a šāḫu) fasse ich, mit Bezug auf Z.24b, als grossen Krug oder grosses Fass voll Wein (in Heidelberg eine naheliegende Assoziation). - Für die Deutung des Zeilenendes kommt mir der neue Bedeutungsansatz "shoulder (blade, scapula)" für naglabu (CAD N/1 119) sehr zustatten.

28: Der Chronist schildert die tiefe Resignation des Königs mit dem Kontrast "im Streitwagen" und "mit Tränen in den Augen". Die wenigen linguistischen Anhaltspunkte im Plädoyer des Königs (Kohortativ nušāgil ohne Partikel; Prekativ luterrūne; Stat.constr. ḫubti) und der Titel ša ḫuṭāri sind zwar nur schwache Indizien, geeignet jedoch, den Verdacht aufkeimen zu lassen, es sei hier die Niederlage eines Königs von Assyrien episch verarbeitet. Sofort drängt sich die Frage nach Ort und Zeit des Geschehens, nach dem Namen des Königs auf: sie kann hier mit bestem Willen nicht beantwortet werden. Ausgeschlossen ist jedoch nicht, dass hier eine Episode aus dem Untergang des Assyrerreiches dichterisch gestaltet ist.

29: an-NA-e ist Vokalisationsfehler des Schreibers für an-ni-e. Das Abschiedswort des Königs dürfte an die Zivilbevölkerung der Stadt gerichtet sein, für die jetzt die schwere Zeit einer fremden Militärregierung beginnt.

Sicher werden nicht alle hier vorgetragenen Deutungen vor der Kritik bestehen können, einige Positionen fordern Widerspruch geradezu heraus. So bitte ich die Fachkolleginnen und -kollegen, STT 366 erneut kritisch aufzugreifen und unser Verständnis der beiden Texte zu vertiefen.

A N M E R K U N G E N

(1) Mit der Grabungsnummer S.U.51/3 gehört STT 366 zu den ersten in Sultantepe gefundenen Tontafeln. Die Autographie des Textes hat O.R.Gurney 1964 vorgelegt. Frau Erica Reiner hat in ihrem Rezensionsartikel von STT II der Nr.366 ganz besondere Aufmerksamkeit geschenkt, JNES 26 (1967) 180-182 ("explication de texte") und 196-197 (Umschrift, Übersetzung). Ihre scharfsinnige Analyse und ihre treffenden Einzelbeobachtungen werden Zeile für Zeile von der nachstehenden Neubearbeitung vorausgesetzt. In Hinblick auf den grossen zeitlichen Abstand und die Fortschritte der akkadischen Lexikographie, an denen die geschätzte Kollegin so grossen Anteil hat, verbietet sich jegliche Polemik. Plädieren möchte ich jedoch grundsätzlich für alternative Gesamtinterpretationen babylonischer Literaturwerke, aus deren Vergleich mit den etablierten Bearbeitungen doch Fortschritte in der Deutung bestimmter Passagen, aber auch im Grundverständnis zu erhoffen sind.

(2) Vergleichbare Exzerpte sind etwa BM 61433 aus Sippar und LKA 62 aus Assur. BM 61433 enthält vier Exzerpte, En.el. V 8-12, Ludlul I 88-92 sowie zweier nicht identifizierter Kompositionen: E.Leichty, Essays on the Ancient Near East in Memory of J.J.Finkelstein, 1977, 144-145. Zu LKA 62 vgl. E.Ebeling, OrNS 18 (1949) 30-39, spez.30.

(3) Die Schreibfehler lassen sich wie folgt gruppieren:
a) Zeichenauslassungen: SÍK.<ZA.GÌN>.GE$_6$-tú (Z.3); GIŠ.<NA$_4$>.KIŠIB.ŠÁ[R!.R]A! (Z.4); <GIŠ>.NA$_4$.KIŠIB!.BA[R.R]A!(Z.5); <ina> I[GI-š]ú (Z.19); kal(a) la ma < >-ši-na-ma (Z.21); <a->KUR-i (Z.23); <ina> MAŠ.SÌLA.ME[Š-šú-nu] (Z.27).
b) Unmotivierte Geminationen: ut-tal-lil-lu$_4$ (Z.12); ik-kal-lu (Z.24); is-sa-tu-u (Z.24); evtl. kal-la (Z.21).
c) Fehlerhafte Vokalisierungen: IZ-za-'i-nu (Z.4); un-dal-LI (Z.9); an-NA-e (Z.29); inkorrekt gesetzte Auslautvokale nicht berücksichtigt; DAR-ra-tú (Z.10) syllabarisch bereinigt; lu-ter-u-ni (Z.25) als Assyriasmus erklärt.
d) Fehler im Konsonantismus: is-sa-tu-u statt išattû (Z.24). Die Formen il-ta-du-u (Z.7), nu-šá-gi-il (Z.24) und ti-gal (Z.26) fasse ich jedoch als Ersatz der Media durch die Tenuis.
e) Hörfehler: ≪i≫ sin-nu (Z.7).

(4) Vgl. R.Frankena, BiOr 18,207a Nr.251.

(5) K.Tallqvist, APN 253a; M.F.Fales, Iraq 41 (1979) 63 ad Z.20; hinzufügen lassen sich zahlreiche neue Belege aus Assur, Fort Shalmaneser und Kalḫu.

(6) K.Tallqvist, NBN 232a/b.

(7) Die bis 1931 bekannt gewordenen Belege sind zusammengestellt von E. Unger, Babylon. Die heilige Stadt nach der Beschreibung der Babylonier (Berlin-Leipzig 1931) 97-99. Der Kanal wird ferner erwähnt in der Nabopolassar-Chronik, "[The second year] of Nabopolassar: at the beginning of the month Elul the army of Assyria went down [to Akkad] and camped by the Banitu canal (ina UGU ÍD.d.Ba-ni-tú)", A.K.Grayson, ABC S.89:25-26, und auf dem Ziegel Ashmolean 1929.136:2, veröffent-

licht durch C.B.F.Walker, Cuneiform Brick Inscriptions, no.75 (ÍD.d. Ba-ni-ti); aus dieser Inschrift und ihrem Fundort schliesst Stephanie Dalley, RA 74 (1980) 190, dass der Banitu-Kanal "passed through Kish somewhere to the north-east of the Neo-Babylonian temple on Tell Ingharra".

(8) Neo-Assyrian Toponyms (AOAT 6, 1970), Karte am Ende des Buches.

(9) "Der Bânîtum-Kanal liegt längs der Landstrasse nach Kiš", E.Unger, Babylon, S.97; vgl. ferner den Anm.7 erwähnten Ziegel.

(10) ABL 327 Rs 7.9.13; s. S.Parpola, Neo-Assyrian Toponyms 66, "passing Nippur".

(11) E.Unger, Babylon, 74 und 99.

(12) E.Unger, Babylon, 99 und 103.

(13) Sn 52:37; E.Unger, Babylon, 85.

(14) Rost, Tp III 24:147; E.Unger, Babylon, 85.

(15) E.Unger, Babylon, 98.

(16) E.Unger, Babylon, 99.

(17) CAD B 95a bānû A1b).

(18) Vgl. K.Tallqvist, Akkadische Götterepitheta (StOr 7, 1938) 70-71.

(19) Binning 1:8'.10'.15', veröffentlicht von C.B.F.Walker, Iraq 44 (1982) 70-76.

(20) Vgl. W.G.Lambert, OrNS 36 (1967) 109-111; J.S.Cooper, The Return of Ninurta to Nippur: an-gim dím-ma (AnOr 52, 1978) 137-138 ad 186.

(21) giš.gigir-d.Nin-urta, giš.gigir-mè-túm-ma, giš.gigir-gù-dé-mur-ša$_6$. Vgl. Angim 63 und AnOr 52,111 ad 63.

(22) OrNS 46 (1977) 213.

(23) Die Bearbeitung des Textes TIM 9,54 war Gegenstand der Dissertation von Frau Eiko Matsushima, die sie im Okt.1980 an der Universität Paris I verteidigt hat (vgl. Orient 16 [Tokyo 1980] 148,Anm.26). Sie hat mir freundlicherweise eine Ablichtung der Kapitel I und IV ihrer Arbeit überlassen, wofür ich ihr Dank schulde. Die Beschäftigung mit TIM 9,54 erwies sich für den vorliegenden Beitrag als sehr hilfreich.

(24) E.Ebeling, RlA 2,302b.

(25) E.Ebeling, RlA 2,302b.

(26) ina KÁ.ḪI.LI.SÙ maš-tak d.Zar-pa-ni-tu$_4$ ša ku-uz-bu sa-al-ḫu PEA 14 I 52parr.

(27) JNES 26,181.

(28) Die beiden Wbb. nehmen verschiedene Nominalformen für maširu an: māši/eru AHw 626a; mašīru CAD M/1 367a/b; ich schreibe deshalb maširu ohne jede Längenbezeichnung.

(29) Die Annahme A.Salonens, Landfahrzeuge 35, in Ḫḫ V 72 sei vielleicht [ma-ši]-ru zu ergänzen, hat sich durch den neuen Textzeugen S.T.51+ erledigt. Statt der Gleichung giš.mar.tur = sa-par-ru MSL 6,11:72 ist jedoch nach Kollation mar!-tú!-ru zu lesen; W.von Soden, AHw 1026a und OLZ 76 (1981) 246.

(30) Fünf gesicherte Belege aus mB administrativen Texten. In UM 2/2,63 (Überschrift: KUŠ.MEŠ ZI.GA) wird GIŠ.GIGIR qal-la-tu$_4$ (Z.3), GIŠ. GIGIR ra-bi-tu$_4$ (Z.4) und GIŠ.GIGIR ANŠE.KUR.RA (Z.26) klar von ma-ši-ru (Z.13) distinguiert. - Zwei Belege aus Assyrien, LKA 62:22 und Streck Asb. 80 IX 105; an letzterer Stelle kann ma-še-ri nur "Wagen" bedeuten, wenn man GIŠ.ḫu-ut-né-e mit Sicherheit die Bed. "Deichselspitze" (AHw 342a ḫe/utennu, ḫutnû) zuweisen kann; es spricht jedoch einiges dafür, dass es sich um ein Wurfgeschoss handelt.

(31) Vgl. CAD M/1 116-117.

(32) UM 13,73:4 und BE 14,124:16.

(33) M.Civil, Išme-Dagan and Enlil's Chariot, JAOS 88 (1968) 3-14, CBS 6136, spez. Z.1 und 72. (vgl. noch é giš.gigir d+En.líl.lá ⌜MIN⌝ d.En.me.šár.ra É GIŠ.GIGIR x[CT 46,51:12).

(34) mu d.Iš-me-d.Da-gan lugal-e (giš.)mar.ŠUM kù.gi kù.babbar d.Nin.líl-ra mu-na-dím RA 33,26:50 // UET 1,219.

(35) CAD M/1 19b.

(36) mar-šum = ma-a+a-al-tum : mad-na-nu CT 18,4 Rs II 29. Die zweite Gleichung stammt aus der Ḫattušili-Bilingue: 3 GIŠ.GIGIR.MEŠ MA-AD-NA-NU der heth.Version KBo 10,2 I 11 entspricht 3 GIŠ.ma-ia-a[l-tum] KBo 10,1:4 der akkad.Version. Das Verhältnis der nur lexikalisch bezeugten Wörter mar-šum und ma-ra-šum (AHw 614a; CAD M/1 296b) zu GIŠ.MAR.ŠUM einerseits und zu maširu andererseits ist noch ungeklärt. Das Verbum mašāru i.S.v. "fahren" lässt sich nur aus dem Dialogue of Pessimism, BWL 144:2.18 (narkabta ṣindam-ma ana ekalli/ṣēri lunšur). - Zu CAD M/1 116b/117a lexical section wäre noch nachzutragen, dass sum. (ama.mu ...) gigir šim.li (giš.)mar.ŠUM giš.taskarin Message of Lú-dingir-ra to his Mother, M.Civil, JNES 23,4:(48-)49 die akkadische Interlinearübersetzung [. . . ŠI]M?.bu-ra-[š]i [ma-a+a]-al-tù GIŠ.TASKARIN-ni, J.Nougayrol, Ugaritica V 314:(71'-)72' lautet; die hethitische Version ist leider nicht erhalten; der Text bricht Ugaritica V 775:70 ab.

(37) JNES 26,196:3.

(38) M.Civil, JAOS 88,3a.

(39) Vgl. die Übersicht "Götterwagen" bei A.Salonen, Landfahrzeuge, 66-76.

(40) Cyl.B IX 15.

(41) Zu Z.6. Ich danke den Autoren von CTN III, Texts from Fort Shalmaneser, Stephanie Dalley und J.N.Postgate, herzlich, dass ich das Manuskript dieses Bandes einsehen und vorab daraus zitieren durfte.

(42) E.R.Lacheman, Sumer 32 (1976) 116-117 und 133-134.

(43) Assur 1/3 (1974) 6-9.

(44) Assyrische Tempel (Rome 1981) 122*-123*, Anm.1710.

(45) Iraq 33 (1971) 24-30 mit Tf.6-9.

(46) entfällt

(47) Bearbeitung durch F.M.Fales, Assur 1/3 (1974) 6-9.

(48) Einmal (CTN II 53 Rs 4') zwei, einmal (ND 3426:18, Iraq 15,Tf.12) eins.

(49) K.3438a + 9912:15' // K.9923:19, s. B.Menzel, Assyrische Tempel, T 82-84.

(50) Assyrische Tempel, S.126 mit Anm.1719 und 1720.

(51) S. Anm.41.

(52) Vgl. R.Borger, ABZ Nr.243 mit Literatur.

(53) J.S.Cooper, AnOr 52,64-65:63-64.

(54) Ebd. 64-67:65-68.

(55) C.B.F.Walker, Iraq 44 (1982) 76-78.

(56) K.Balkan, Kassitenstudien I (1954) 8-9

(57) Ebd.114-115.

(58) Ebd.114-115.

GAB ES EINEN KÖNIG VON ARRAPḪE NAMENS MUŠ-TEJA?

Karlheinz Deller
Universität Heidelberg

HSS 15,1:48 is correctly restored NA_4 1.Mu-uš-te-[ia LUGAL]. The author of this royal edict is identical with the sender of the royal letter JEN 494 that ends in NA_4 1.Mu-uš-te-a (1.15). Proof comes from another royal letter, IM 73271 = TF_2 628, ending in NA_4 1.Mu-uš-te-ia LUGAL (1.21). The existence of a king of Arrapḫe by the name Muš-teya can thus safely be assumed.

Der Nuzi-Text SMN 3126 aus Room C 28 wurde von E.R.Lacheman erstmals 1939 in Autographie RA 36,115 veröffentlicht. Im Jahre 1955 legte er als HSS 15,1 eine Überarbeitung dieser Kopie vor(1). Im Content of the Texts(2) beschrieb er SMN 3126 als "an order from the mayor of the city of Taššuḫḫe to the mayors of his districts concerning the protection of their territory against foreign invaders". Bald setzte sich jedoch die Erkenntnis durch, dass HSS 15, 1 ein königliches Edikt ist: so bezeichnen 1956 die Autoren des CAD (Ḫ 165a) den Text als "instructions from the king to ḫ[azannu]-officials"; 1964 ordnet A.L.Oppenheim(3) ihn unter "royal edicts" ein und im gleichen Jahr beschreibt ihn Hildegard Lewy(4) als "proclamation by the king to be transmitted by the ḫazannu of the city of Tašuḫḫewa to all the city-rulers in the surrounding district". 1966 erwähnt H.Petschow RLA 3,288a sub C.Arrapḫa-Nuzi HSS 15,1 zusammen mit AASOR 16,51 und JEN 195 als königliche Edikte. Die erste Gesamtbearbeitung von HSS 15,1 legte M.Müller 1968 in seiner von H.Petschow betreuten Leipziger Dissertation "Die Erlässe und Instruktionen aus dem Lande Arrapḫa. Ein Beitrag zur Rechtsgeschichte des Alten Vorderen Orients" vor(5). Ebenfalls 1968 nahm Hildegard Lewy erneut zu dem Edikt Stellung(6); dabei ist die Präzisierung "a proclamation by the king of Arrapḫa" zu beachten(7). Eine zweite Gesamtbearbeitung durch Ninel B.Jankowska erschien 1969(8); sie charakterisiert HSS 15,1 als "king's instructions to the district governor (ḫazannu), the mayor of the town of Tašuḫḫe". Zehn Jahre später gibt C.Zaccagnini eine neue Umschrift des Textes wieder(9), die er mit der Überschrift "the royal edict HSS 15,1, addressed by Muš-teya, king of Arrapḫe, to the ḫazannu of Tainšuḫwe" versieht(10). Unter Bezugnahme auf die drei erwähnten Bearbeitungen (sowie auf einzelne Deutungen in den Aufsätzen Hildegard Lewys und im CAD) widmete sich Elena Cassin jüngst,1982, erneut dem Dokument, und zwar nicht nur mit neuer Transkription und Übersetzung(11), sondern auch kritischen Überlegungen zur Gattung desselben(12). So möchte sie den wiederholt für HSS 15,1 verwendeten Terminus "édit" lieber durch "instructions royales" ersetzt sehen(13). In erster Linie richtet sich jedoch Frau Cassins Kritik gegen die Annahme, dass der HSS 15,1:48 siegelnde NA_4 1.Mu-uš-te-[ein König von Arrapḫe namens Muš-te[šup] oder Muš-te[ja] sei(14). Ziel des vorliegenden Aufsatzes ist, die Frage"Wer ist dieser 1.Mu-uš-te-[?" definitiv zu beantworten.

HSS 15,1 war auch Objekt nuzologischer Bemühung in Heidelberg. Davon zeugt eine in ausreichender Anzahl mimeographierte Umschrift dieses Textes; sie trägt das Datum des 28.April 1973 und die Sigla af/kd, also Abdulilah Fadhils und des Verfassers. Die hier einzig interessierende Zeile 48 ist dort als NA_4 ^{I}Mu-uš-te-[ja oder -e-a (LUGAL)] umschrieben. Die Restaurationsgeschichte von HSS 15,1:48 stellt sich demnach wie folgt dar:

1969 Jankowska:	kunuk Mu-uš-Te-[šub]
1973 Fadhil/Deller:	NA_4 ^{I}Mu-uš-te-[ja oder -e-a (LUGAL)]
1979 Zaccagnini:	NA_4 ^{I}Mu-uš-te-[ya (LUGAL)]
1982 Cassin:	NA_4 I Mu-uš-te[-šup] ou: [e-a]([15])

Die Umschriften von 1973 und 1979 weisen demnach zwei wesentliche Übereinstimmungen auf: der Name des Siegelnden ist Muš-teja (nicht *Muš-tešup) und er ist König. Von sekundärer Bedeutung ist, ob auf dem unbeschädigten Original von HSS 15,1 das LUGAL-Zeichen gesetzt war oder nicht.

Zur Begründung der Ergänzung von HSS 15,1:48 ist auf dem erwähnten Mimeograph vom 28.April 1973 die nachstehende Beischrift angebracht:

> HSS 15,1 ist ein königliches Edikt (vgl.dazu M.Müller, Beiträge zur sozialen Struktur des alten Vorderasiens, S.58 mit Anm.17: "dass šudūtu ... die Bezeichnung für einen (königlichen) Erlass ist").
> Der Name des Königs ist Muš-teja (48), von dem auch die Briefe JEN 494 und RATK 30 (IM 73273) stammen.
> Auf dem liRd findet sich eine Abrollung des Königssiegels mit den Resten einer Legende.

In der Veröffentlichung C.Zaccagninis wird weder die Ergänzung der Z.48 noch die Assertion "addressed by Muš-teya, king of Arrapḫe"([16]) begründet und dieses Manko kritisiert Elena Cassin mit Fug und Recht([17]). Ihre Beanstandungen lassen es jedoch als hinreichend indiziert erscheinen, die aus JEN 494 und RATK 30 gewonnene Evidenz auszubreiten.

Der Brief JEN 494 (JENu 197, Fundort Room 13, 50 x 45 x 17 mm) hat folgenden Wortlaut([18]):

Vs	1	a-na LÚ.MEŠ e-ma-an-tuḫ-le-e	Rs	10	al-li-i
	2	qí-bí-ma		11	ša i-il-la-ku
	3	um-ma LUGAL-ma		12	GIŠ.GIGIR qa-al-la
	4	a-nu-um-ma		13	i-dì-na-aš-šu-ma
	5	1.Pur-pa-pu-qa-šu		14	ù li-il-li-ka_4
					Siegelabrollung
	6	aš-ta-pár-šu ù			
	7	GIŠ.GIGIR qa-⸢al⸣-la		15	NA_4 1.Mu-uš-te-a
	8	i-din-aš-šu			
u.Rd	9	⸢ù⸣ iš-tu			

"Zu den Dekurionen sprich! Folgendermassen (spricht) der König: 'Hiermit schicke ich nun den Purpa-Bugašu. Gebt ihm einen leichten Streitwagen! (Wenn er) von dort, wohin er fahren wird, (zurückkommt), gebt ihm noch einen leichten Streitwagen, damit er (mit ihm) zu mir kommen kann!' -- Siegel des Muš-teja."

Obige Übersetzung supponiert, dass die Grapheme i-din-aš-šu und i-dì-na-aš-šu-ma (Z.8.13), "gebt ihm!" (Imperativ 2.c.plur. + Dativ 3.m.sing.), also entweder *idnā-šu(m) oder *idnā-nim-šu, meinen. Die Eliminierung der Imperative(19) würde den Sinn des Briefes entstellen. Z.9-11 wird in der Literatur unterschiedlich gedeutet(20); das Problem kann am leichtesten durch Annahme einer prägnanten Sprechweise, die "wenn er ... zurückkommt" subintelligiert, gelöst werden(21).

Anhaltspunkte für die Chronologisierung und Lokalisierung des Briefes bieten nur die Angabe des Fundortes und die beiden Namen in Z.5 und 15. Die in Room 13 gefundenen Tafeln erweisen sich leicht als Streufunde, die zu dem aus Rooms 10, 11, 12 geborgenen Archiv der Familie Kizzuk(22) gehören. Demnach ist als Standort oder Domizil der angesprochenen Dekurionen der Raum Temtenaš / Šuriniwe, zwei Städten mit überwiegend kassitischer Population, anzusetzen. Als Kurier wählte der König den Träger eines kassitischen Namens(23), also wohl einen Kassiten, der aus dem Gebiet von Temtenaš / Šuriniwe stammt oder sich zumindest dort gut auskennt.

Wie in den neuassyrischen Königsordres (abat šarri) ist auch der Stil dieses Königsbriefes knapp, aber eindeutig: er enthält die Legitimation des Kuriers und den Befehl, ihm geeignete Fahrzeuge zur Erfüllung seines Auftrags zur Verfügung zu stellen.

Der in der Siegelbeischrift Z.15 genannte 1.Mu-uš-te-a ist nun entweder der Schreiber(24) dieses Briefes oder "un officier"(25) oder der als Absender in Z.3 genannte König selbst(26). Für die dritte Möglichkeit spricht zunächst die Analogie zu jenen Briefen, deren Absender andere Personen als der König sind: weisen sie Siegelbeischriften auf, so enthalten diese jeweils den/die Namen des/der Absender(27).

Zur Gewissheit jedoch wird die dritte Annahme erhoben durch die Siegelbeischrift NA_4 1.Mu-uš-te-ia LUGAL am Ende des durch um-ma LUGAL-ma (Z.4 und Z.15-16) eingeleiteten Königsbriefes IM 73271. Die Priorität dieser Erkenntnis gebührt meinem Schüler Abdulilah Fadhil, der diesen Brief erstmals publiziert und seine Siegelbeischrift mit jener von JEN 494 in Zusammenhang gebracht hat(28). Mit seiner Erlaubnis habe ich den in seinem Besitz befindlichen Gipsabguss der Tafel IM 73271 erneut studiert; dabei konnten eine Reihe neuer Lesungen gefunden werden(29).

IM 73271 stammt aus den iraqischen Grabungen in Tell al-Faḫḫār(30); die Fundnummer ist TF_2 628, die Abmessungen sind 57 x 60 x 27 mm. Die Tafel ist aus vier Fragmenten gejoint(31); im Bereich etwa 20 mm links vom Zentrum sowie an den von dort ausgehenden Nahtstellen weist sie auf Vs und Rs starke Oberflächenschäden auf. Der gesamte Wortlaut ist darum nicht rekonstruierbar.

Vs 1 a-na 1.Ni-ik-ri-te-⸢šup⸣

2 a-na 1.Ip-šá-ḫa-lu

3 a-na ⸢1.Du⸣-ra-ri-ia

Vs 4 qí-⸢bi⸣-ma um-ma LUGAL-ma

5 ⸢ki⸣ x[.]x[ ]x ⸢du⸣ tù-né-sí-qa

6 ⸢an? nu?⸣ x[ḫ]a š[a?] um? ù

7 at-t[ù]-nu-ma ta-ta-⸢al?-ka$_4$⸣?

8 3 LÚ.M[EŠ] A.TA.AN aš-bu

9 ⸢ù⸣ MÍ.[M]EŠ ù UDU.ḪI.A.MEŠ

10 ù GU$_4$.MEŠ a-na mu-⸢ud?-du⸣?

Rd 11 i+na ta-tù-ru-ti la aš-bu

Rs 12 ú-ru-⸢ša⸣-ni

13 i-te-⸢ru⸣-ub

14 a-na 1.D[u]-ra-ri-ia

15 qí-[b]í-ma um-ma

16 LUGAL-ma [ ] mu ⸢x x x x x⸣

17 ⸢x x⸣[ ]⸢x x x x x⸣ ⸢ḫal⸣-zi-ka$_4$

18 x[1.D]u-ra-ri-ia

19 ⸢x⸣-din [ ]x 10 GÍN?

20 ⸢at-ta⸣ x[ ]x-ta-ni

21 ⸢NA$_4$⸣ 1.Mu-⸢uš⸣-te-ia ⸢LUGAL⸣

o.Rd schwache Siegelabrollung

Der Brief zerfällt in zwei Teile: Z.1-13 ist gerichtet an Nikri-tešup, Ipša-ḫalu und Turarija; Z.14-20 an Turarija allein. Turarija ist sicher identisch mit 1.Tu-ra-ri-⸢ia⸣ GAR KUR IM 70972:20 (RATK Nr.20); NA$_4$ 1.Tu-ra-ri-ia GAR KUR IM 73439 (TF$_2$ 811, zitiert RATK S.94); NA$_4$ 1.Tu-ra-ri-i[a] IM 70953 Rs 1 (RATK Nr.28). Wenigstens noch zwei in Tell al-Faḫḫār/Kurruḫanni gefundene Briefe sind an ihn adressiert. Es ist daher naheliegend, dass er hier seinen Amtssitz oder sein Domizil hatte. An Nikri-tešup (und Ḫulukka) ist adressiert der Brief des Elḫip-tašenni IM 73430 (RATK Nr.32). HSS 14,103:6-7 erwähnt nacheinander ša 1.Tu-ra-ri-ia und ša 1.Ni-ki-ir-te-šup; man ist versucht, diese beiden Personen mit den Empfängern des Königsbriefes IM 73271 gleichzusetzen(32).

Z.5 Ende ist tunessiqā "ihr wähltet aus" ziemlich sicher; davor ist zwischen ⸢ki⸣ und ⸢du⸣ Raum für zwei bis drei Zeichen.

Z.6 ist wohl nur ḫa und ù sicher.

Z.7 erscheint attunū-ma tattalkā "ihr seid weggegangen" möglich; auf das sichere ta-ta- folgen zwei, vielleicht drei Zeichen.

Z.8 alle Lesungen sicher: "je drei Männer (= erwachsene Sklaven) 'sitzen'", d.h. "stehen zur Verfügung".

Z.9 alle Lesungen sicher: "aber Frauen (= erwachsene Sklavinnen) und Schafe".

Z.10 die beiden letzten Zeichen unsicher: statt ⸢ud⸣ erscheint auch ⸢te⸣, vielleicht ⸢li⸣ möglich; das letzte Zeichen ⸢du⸣ oder ⸢na⸣: "und Rinder für die Zuteilung(?)".

Z.11 ist paläographisch ziemlich sicher; ta-tù-ru-ti ist wohl -ūtu-Abstraktum zu ta(t)turru I (AHw 1340b; vgl. speziell die Belege RIAA 295:11 // BRM 2,50:10 und 53:2) oder zu tātu(r)ru, tattu(r)ru II (AHw 1340b): "im t.-Zustand 'sitzen' nicht", d.h. "stehen nicht zur Verfügung".

Z.12-13: falls īterub "ist eingetreten" richtig gelesen ist, muss ú-ru-⌈ša⌉-ni ein Singular sein; unklar ist, ob das Possessivsuffix der 1.c.Sing. oder 1.c.Plural vorliegt; entsprechend wird man *urrušu, *urūšu, *uruššu (AHw 1437a) oder *urrušānu anzusetzen haben.

Der erste Teil des Briefes enthält Dispositionen über Sklaven und Sklavinnen, Schafe und Rinder, welche die drei Adressaten getroffen haben und/oder treffen sollen. Der zweite, nur an Turarija gerichtete Teil des Königsbriefes ist wegen des schlechten Erhaltungszustandes nur schwer rekonstruierbar. Am Ende der Z.17 glaube ich ⌈ḫal⌉-zi-ka$_4$ "deines Distrikts" erkennen zu können; ein ḫalzu war also der Zuständigkeitsbereich eines GAR KUR, šakin māti. Das erste Zeichen der Z.19 ist entweder ⌈i+na⌉- oder ⌈id⌉-, also "er wird geben" oder "er gab".

Ein genaues Studium des Originals im Iraq Museum wird sicher eine bessere Lesung des Briefes ergeben. Im Rahmen dieses Aufsatzes kommt es aber vor allem auf die richtige Lesung der Z.21 an, weil davon letztlich die Beantwortung der Frage abhängt, ob es einen König Muš-teja von Arrapḫe gab oder nicht. Sowohl Gudrun Dosch als auch ich haben deshalb Z.21 Zeichen für Zeichen einem genauen Examen unterworfen; wir sind dabei zu dem Schluss gekommen, dass die Lesung ⌈NA$_4$ 1.Mu-uš-te-ia ⌈LUGAL⌉, die bereits A.Fadhil(33) ermittelt hatte, richtig ist. Das Zeichen ⌈LUGAL⌉ steht in der rechten unteren Ecke der Rückseite, also an einer schwer zu beschriftenden Stelle der Tafel; unmittelbar darunter, doch das Zeichen selbst kaum affizierend, findet sich eine geringfügige Beschädigung: dennoch hält das Zeichen ⌈LUGAL⌉ den Vergleich mit LUGAL in Z.4 und Z.16 gut aus.

Wenn aber diese Lesung feststeht, ist auch die Annahme zulässig, dass NA$_4$ 1.Mu-uš-te-a JEN 494:15 die Beischrift zu der Siegelung des Königs Muš-teja ist, auch wenn das LUGAL-Zeichen hier nicht gesetzt ist(34). Unter diesen Voraussetzungen ist es weiterhin statthaft, HSS 15,1:48 nach NA$_4$ 1.Mu-uš-te-[ia oder -e-a (LUGAL)] zu ergänzen, wie A.Fadhil und ich 1973 vorgeschlagen haben. Die Aufnahme des Muš-teja in das Verzeichnis der in Nuzi-Texten belegten Könige (von Arrapḫe) durch Walter Mayer(35) ist somit gerechtfertigt. Es umfasst jetzt sieben oder acht(36) Könige; diese Zahl ist durchaus realistisch, wenn man sie mit der Anzahl der Generationen in den verschiedenen Familienarchiven von Nuzi vergleicht(37). Offen ist noch die chronologische und genealogische Aufeinanderfolge dieser sieben/acht Könige; nach der Archivlage darf jedoch als wahrscheinlich gelten, dass Muš-teja eher in die Spätzeit der Nuzi-Überlieferung zu datieren ist.

Nach Auffassung von Frau Cassin(38) ist HSS 15,1 von einem "officier, probablement Mušteia" gesiegelt, während sie den Königsbrief JEN 494 als "scellée par un officier du même nom, mais avec un sceau différent" ansieht. Da nicht ganz klar ist, ob für Frau Cassin aus der Namengleichheit auch Personengleichheit folgt, oder ob sie die Verwendung verschiedener Siegel als Indiz dafür betrachtet, dass eine Identität nicht vorliegen kann, seien abschliessend noch diese beiden Siegel besprochen.

Für das Siegel auf HSS 15,1 steht die Umzeichnung E.R.Lachemans zur Verfügung; für das Siegel auf JEN 494 liegt mir ausser dem Photo(39) noch eine Umzeichnung aus der Feder Edith Poradas(40) vor. Beide Siegel weisen Legenden auf. Da mir die Kompetenz für die Beurteilung der bildlichen Darstellungen auf Rollsiegeln fehlt, habe ich Diana L.Stein um eine Expertise gebeten, aus der ich nachstehend zitieren darf(41):

"The seal impression of 1.Mu-uš-t[e-] on HSS 15,1 was quite accurately sketched by E.R.Lacheman in the publication, and it is definitely not identical with the seal impression of 1.Mu-uš-te-ia on JEN 494 in AASOR 24. Although both seal impressions are only partially preserved and, that of HSS 15,1 is in addition very poorly preserved, both impressions show the same part of the seal design - namely that part immediately to the left of the seal inscription. In the one case, on HSS 15,1, there is a small gazelle standing upright with its head turned back over its shoulder towards a lion. The leg of a recumbent animal is just visible above the gazelle, and diagonally above the lion there is a fish. In the other case, on JEN 494, a bull man faces a double-headed Mischwesen which stands beneath a supports a winged sun disk overhead(s). Had the same part of both seal designs not been preserved to show a difference in subject matter, I would have argued against equating these two seals on the basis of their entirely different styles, but this fortunately is not necessary. Of course, the evidence of two distinct seal impressions does not ncessarily refute your proposed identification of the same seal owner, as it is not unusual for one person to use more than one seal"(42).

Das Siegel auf JEN 494 weist eine (drei- oder) zweizeilige Legende auf, die ich wie folgt lese:

x[
Ú-na-ap-[ ]
NA_4.KIŠIB š[a?]

Dazu schreibt Diana L.Stein:

"Your reconstruction of Ú-na-ap-[ ] in the second line of the JEN 494 seal inscription seems convincing on comparison with the Ú-na-ap-ta-é of Tarmija's seal (AASOR 24, no.276). Its position in the middle register of the inscription suggests that the Ú-na-ap-[ ] of JEN 494 could be the patronym, but unfortunately the single fragmentary sign in the preceding line does not look like any part of Muš-teia".

"Concerning the last line of the JEN 494 seal inscription I noticed that the upper calf of the bull man's hindleg to the left of the inscription is level with the middle of the š[a? sign in the last register. Presumably the bull man stands on the ground line of the seal, and it seems to me that the distance between the upper calf and the missing foot/hoof would not be enough to accomodate the remainder of the š[a? sign plus a PN. Could the last line of the JEN 494 seal inscription instead be an abbreviated version of the Itḫi-Tešup seal inscription: NA_4 KIŠIB š[a-ṭì-ir] on JEN 494 instead of NA_4 KIŠIB an-na-a ina A.ŠÀ.MEŠ ina ^{4}É.MEŠ ša-ṭì-ir ... on Itḫi-Tešup's seal (HSS 14,2.4.5)? There may not even be enough space on JEN 494 for this abbreviation, but the analogy between these two inscriptions would support your identification of JEN 494 as a royal seal".

Die Zeichenreste in den 2(+n?) Registern des Siegels HSS 15,1 entziehen sich vorerst einer gesicherten Lesung. Eine genauere Inspektion von IM 73271(43) könnte vielleicht die Entscheidung herbeiführen, ob dieser Brief mit einem der beiden oben beschriebenen Siegeln gesiegelt ist; auf dem Gipsabguss sind die Umrisse zu schwach.

Anmerkungen

(1) Die Überarbeitung betrifft die Z.8 (Zeilenende ḫu-ub-tù ša iḫ-bu-[t]ù), Z.14 (Zeilenende na-ši) und Z.15 (Zeilenende Ar-ra-ap-ḫé).

(2) HSS 15, p.vii, no.1.

(3) Ancient Mesopotamia. Portrait of a Dead Civilization (Chicago 1964), p.286 und p.375, note 87; Revised Edition (Chicago 1977), p.286 and p.384, note 87.

(4) Or.NS 33 (1964) 186-187.

(5) Vgl. M.Müller, Beiträge zur sozialen Struktur des alten Vorderasien (Hrsg. H.Klengel = Schriften zur Geschichte und Kultur des Alten Orients, 1. Berlin 1971) S.55, Anm.7. Ich konnte vor Jahren in eine Photokopie der maschinenschriftlichen Fassung dieser Dissertation Einsicht nehmen; sie ist mir jedoch derzeit in Heidelberg nicht zugänglich. Die Angaben in der Keilschriftbibliographie 30:275 stammen von H.Klengel.

(6) JAOS 88 (1968) 156a mit notes 43-44.

(7) Dieser Präzisierung liegt die Auffassung Hildegard Lewys zugrunde, dass das Territorium der "Nuzi"-Texte zeitweilig vom König von Arrapḫa, zeitweilig vom König von Ḫanigalbat abhängig war; vgl. JAOS 88, 156a lines 17-21.

(8) JESHO 12 (1969) 273-276. Es fällt auf, dass diese Bearbeitung keine Rückverweise auf Hildegard Lewys Äusserungen noch auf die Zitate aus HSS 15,1 in den beiden Wörterbüchern aufweist.

(9) The Rural Landscape of the Land of Arrapḫe (= Quaderni di geografia storica,1. Roma 1979) 17-20 mit notes 20-23. Die Übersetzung, p.19, rekurriert (n.21) auf zahlreiche Zitate aus HSS 15,1 in CAD B, D, Ḫ.

(10) Ibd., p.17. Festgestellt sei, dass dieses Zitat die Assertion enthält, dass ein Muš-teja, König von Arrapḫe, Urheber von HSS 15,1 ist.

(11) Les Pouvoirs locaux en Mésopotamie et dans les régions adjacentes (= Colloque organisé par l'Institut des Hautes Études de Belgique, 28 et 29 janvier 1980. Bruxelles 1982) 114-117 mit Anm.1-9.

(12) Ibd., 101-104 mit Anm.12-18.

(13) Ibd., 101.

(14) "Qu'on restitue Muš-Tešup ou Mušteia, il ne s'agit certainement pas d'un roi d'Arrapḫa de ce nom, comme l'imagine naïvement ZACCAGNINI, The rural landscape of the land of Arrapḫe, Rome 1979, p.17", ibd.101, n.12. - "Il est absolument exclu que cet individu soit le roi lui-même, comme le soutient C.Zaccagnini, op.cit., p.17, sans en donner la moindre preuve", ibd. 116, n.6.

(15) Ibd. 116, 1.48. Die typographischen Versehen -us- und [-sup] sind stillschweigend korrigiert.

(16) Vgl. oben Anm.10.

(17) Vgl. oben Anm.14.

(18) Frau Kollegin Martha T.Roth, Oriental Institute, hatte die Freundlichkeit, JEN 494 (= JENu 197, jetzt = A 11881) für mich zu kollationieren, wofür ich ihr herzlich danke. Unter dem 31.Mai 1982 antwortete sie auf meine vier Anfragen: "a) Chiera did not leave anything out; b) 1.5: tablet clearly [I]Pur-PA-pu-qa-šu; c) 1.15: [I]Mu-uš-

te-a (no LUGAL after); d) the seal rolled between lines 14 and 15".

(19) CAD N/I 357b h) liest GIŠ.GIGIR qalla i[na]ddinaššu JEN 494:7.12 (statt [na] wäre <na> die angemessenere Notierung). Die Imperative sind jedoch das Rückgrat der Königsbriefe, geradezu ihr Erkennungszeichen.

(20) CAD A/I 358a gibt diesen Satz mit "as soon as(?) he arrives, give him a light chariot and let him come back" wieder. A.Fadhil (Rechtsurkunden und administrative Texte aus Kurruḫanni. Magisterarbeit Heidelberg 1972, S.109) übersetzt: "Und demjenigen, der von dort kommt: gebt ihm ebenfalls einen leichten Wagen, damit er (her)kommen kann!".

(21) Meine Vermutung war zunächst, dass zwischen Z.10 und 11 versehentlich eine Zeile ausgelassen worden wäre; M.T.Roth hat jedoch die Richtigkeit der Kopie E.Chieras bestätigt; s.oben Anm.18.

(22) Vgl. Gudrun Dosch - K.Deller, Die Familie Kizzuk, Studies ... in Honor of E.R.Lacheman, Winona Lake, Ind., 1981, 91-113, spez.92-93, Anm.2.

(23) K.Balkan, Kassitenstudien I, S.104 (Burpa-Bugašu). Für die (nach wie vor noch nicht ganz geklärte) Deutung von Bugaš(u) vgl. die CAD B 309a s.v. bukāšu zitierte Literatur. Die von mir früher vertretene Emendation 1.Pur-na!-pu-qa-šu (und Identifizierung mit 1.Pur-na-pu-qa-šu HSS 15,35:27) konnte durch Kollation (s.oben Anm.18) nicht bestätigt werden. Burpa-Bugašu und Burna-Bugašu sind demnach verschiedene Namen und verschiedene Personen. Die von Elena Cassin und J.-J. Glassner, AAN I 112a, vorgeschlagene Zerlegung des zweiten Namens in "Purn-apu qa-šu de Ninu-atal" entbehrt jeglicher Begründung. Für Sikte-Bugašu, einen weiteren Kassitennamen dieses Typs, vgl. Gudrun Dosch - K.Deller, Studies ... in Honor of E.R.Lacheman (Anm.22) 104 Nr.18a.

(24) So M.Müller, zitiert nach Walter Mayer, Nuzi-Studien I (AOAT 205/1. Kevelaer/Neukirchen-Vluyn 1978) 109, Anm.2.

(25) So Elena Cassin, Les Pouvoirs locaux en Mésopotamie, 101,n.12 und 116, n.6. Es fällt auf, dass Frau Cassin die deutschsprachige Literatur zum Problem (hier Anm.24 und 26) unerwähnt lässt.

(26) K.Deller - A.Fadhil, Mesopotamia 7 (Torino 1972) 204 und, ihnen folgend, Walter Mayer, Nuzi-Studien I (Anm.24) 108-109 mit Anm.4-5 auf S.108 und Anm.1-7 auf S.109.

(27) Z.B. HSS 14,12:3.20; 22:5.18; 24:4 und Hülle; 25:4.15; 27:2.21; 31:3. 19; 578:3.19; JEN 496:3.18; 498:3.9; 499:3.17; Or.NS 22,357 Athen Nr. 1:3-4 und 17-18; OLZ 5,245 = RT 31,57:3.10. Ausser Betracht bleibe hier der Sauštatar-Brief HSS 9,1: er ist zwar mit dem durch die dreizeilige Siegellegende eindeutigen Königssiegel gesiegelt, weist aber keine Siegelbeischrift auf.

(28) RATK (s.oben Anm.20) 108-110, Nr.30.

(29) Gudrun Dosch hat anhand des Gipsabgusses die Lesungen mit mir diskutiert und wertvolle Beobachtungen beigesteuert. Dafür sei ihr gedankt.

(30) Vgl. Yasin Mahmoud Al-Khalesi, Tell al-Fakhar (Kurruḫanni), a dimtu-Settlement. Excavation Report: Assur 1/6 (April 1977) 81-122, spez.95.

(31) Nach dem Abguss zu urteilen, dürfte die Tontafel von der Spitzhacke getroffen in vier Fragmente zerhackt worden sein.

(32) Für diese Gleichsetzung besteht umso mehr Grund als HSS 14,103 eine Disposition über n MÍ.MEŠ, also erwachsene Sklavinnen, ist; die erste

Summierung in Z.13 lautet ŠU.NÍGIN 86 MÍ!(Kopie AŠ).MEŠ ša aš-bu, bedient sich also derselben Terminologie wie IM 73271:8 und 11. Eine Bearbeitung von HSS 14,103 hat jüngst M.P.Maidman, Studies ... in Honor of E.R.Lacheman, Winona Lake, Ind., 1981, 242-244, vorgelegt; im Mittelpunkt seines Interesses steht jedoch der Terminus ša ḫal-zi (Z.8 und 9; in Z.8 würde ich ša ḫal-zi SIMUG!.MEŠ lesen und diesen Distrikt mit URU.SIMUG![.MEŠ] HSS 16,205:3 und URU.[SI]MUG!.MEŠ HSS 9,144:18 verbinden; eine syllabische Schreibung der Stadt Nappāḫi liegt möglicherweise vor in URU.Na-pá!(Kopie MA)-aḫ-ḫé HSS 15,98:7). - Ob auch der Richter 1.Ni-ik-⸢ri⸣-tešup aus JEN 337:37 mit Nikri-tešup aus IM 73271:1 bzw. Nikir-tešup aus HSS 14,103:7 identisch ist, wage ich hier nicht zu entscheiden. Es ergäbe sich aber daraus ein interessanter Synchronismus mit 1.Ti-e-<eš>-ur-ḫé JEN 337:34, dem Grossenkel des Teḫip-tilla S.Puḫi-šenni.

(33) RATK (s.oben Anm.20) 108, Nr.30:21.

(34) Mesopotamie 7 (1972) 204.

(35) Nuzi-Studien I (1978) 109: "^{m}Mu-uš-te-ia LUGAL IM 73272,21; 15,1,48 (C 28); JEN 494:15".

(36) Sieben Könige, falls man Itḫi-tešup und Itḫija mit G.Wilhelm, Untersuchungen zum Ḫurro-Akkadischen von Nuzi (AOAT 9, Kevelaer/Neukirchen-Vluyn 1970) 5-6, und ihm folgend Walter Mayer, Nuzi-Studien I 109 mit Anm.5 identifiziert. Acht Könige, wenn man der Argumentation von Wilson Wing-Kin Chow, Kings and Queens of Nuzi (Dissertation Brandeis University, Waltham, Mass. 1973, University Microfilms 73-32,371) 24-27, sich anschliesst und Itḫi-tešup / Itḫija als zwei distinkte Könige führt.

(37) Sieben Generationen haben G.Dosch und K.Deller, Studies ... in Honor of E.R.Lacheman, 1981, S.97 für die kassitische Familie Kizzuk nachgewiesen. Die Familie Turi-šenni(-Puḫi-šenni-Teḫip-tilla) bringt es dagegen nur auf sechs Generationen, s.M.P.Maidman, JCS 28 (1976) 141 (bzw. Revised Chart of the Teḫip-tilla Family Tree, die der Verfasser den von ihm versandten Separatabdrucken beigelegt hat).

(38) Les Pouvoirs locaux en Mésopotamie, 101, n.12.

(39) AASOR 24,136 und pl.40,no.810 (nicht n° 840, wie E.Cassin, ibd., 101, n.12 angibt).

(40) Es ist mir ein Bedürfnis, an dieser Stelle der Frau Kollegin Edith Porada, New York, herzlich dafür zu danken, dass sie mir grosszügigerweise ein Set ihrer Umzeichnungen der Siegel auf Tafeln mit der Signatur JENu/JEN überlassen hat.

(41) Frau Kollegin Diana L.Stein, New College, Oxford, bearbeitet derzeit die Siegel auf Tafeln mit der Signatur SMN, vgl. Studies ... in Honor of E.R.Lacheman, endpieces of the volume; pp.141-145, figs.1-3; p.147, n.3; p.288, n.188. Sie hat mit grossem Interesse die von mir gestellten Fragen aufgegriffen und sehr detailliert beantwortet. Dafür schulde ich ihr grossen Dank.

(42) G.Wilhelm verdanke ich die mündliche Information, dass auch im Šilwi-tešup-Archiv festzustellen ist, dass ein und dieselbe Person, etwa ein Hirte, mit zwei oder mehr Siegeln siegelt. Unabhängig von ihm ist auch Martha A.Morrison, Studies ... in Honor of E.R.Lacheman, 258, n.10, zu demselben Resultat gelangt.

(43) Für den Königsbrief TF_2 628 ist auf dem mir vorliegenden Gipsabguss, in arabischen Schrift- und Zahlzeichen die Museumssignatur IM 73271 vermerkt, die darum auch in dem vorliegenden Beitrag verwendet ist. Bei A.Fadhil, RATK, 108, Nr.30 ist IM 73273 angegeben, im Inhaltsverzeichnis, RATK, S.IV, in Mesopotamia 7,204 und bei Walter Mayer, Nuzistudien I,109 hingegen IM 73272. In der gegenwärtigen Situation ist es mir unmöglich, überprüfen zu lassen, welche der drei Museumssignaturen die korrekte ist.

Ḫurr. kaniniwe (CAD K 152a) - ein ghost word

Karlheinz Deller - Universität Heidelberg

Der Beleg HSS 13,119 ist neben HSS 14,200 zu stellen:

	HSS 13,119 SMN 119 Room C 14		HSS 14,200 SMN 953 Room L 14
1	2 ANŠE ⌜kà⌝-na-ak-tu_4 <a-na>	1	3 ANŠE ni-ir-we
2	MÍ.Wi-ir-zu-ú SUM-nu	2	MÍ.Wi-ir-zu-ú-i il-qè
3	2BÁN KI.MIN a-na Ì.MEŠ SUM-nu	3	2BÁN KI.MIN a-na 1.Ga-pa-zi SUM-nu
4	3BÁN KI.MIN a-na MÍ.Ṣú-ḫa-ar-ti-ia	4	2BÁN KI.MIN a-na MÍ.Ṣú-ḫa-ar-ti-ia
5	1BÁN KI.MIN a-na MÍ.Šar-ra-tu_4-GAL	5	1BÁN KI.MIN a-na MÍ.Šar-ra-tu_4-GAL
6	1BÁN KI.MIN a-na MÍ.Bar-za-a-zi-ia	6	1BÁN KI.MIN a-na É
7	2BÁN! ni-ir!-we a-na <1>.Ga-a-pa-a-zi	7	1.El-ḫi-ip-šarri
		8	[0] SUM-nu

Die beiden Texte stammen aus demselben Archiv (Room C 14 = Room L 14!) und stimmen prosopographisch weitgehend überein. Diese Übereinstimmung betrifft auch die Namen <1>.Ga-a-pa-a-zi und 1.Ga-pa-zi, wie Elena Cassin und J.-J. Glassner, AAN I 77a s.v. Kapazzi, richtig erkannt haben. Das Graphem Ga-a-pa-a-zi darf daher nicht nach kabāsi (CAD K 152a) normalisiert werden. Dies vorausgesetzt, muss zu Beginn von HSS 13,119 eine Masseinheit stehen: wie Z. 1-6 auch Z.7; dabei dürfte qa der Umschrift E.R.Lachemans wahrscheinlich eine Verlesung aus 2BÁN sein; <1> qa ergäbe ein zu kleines Quantum.

Die verbleibende Substanz ni-ni-we lässt sich im Vergleich mit HSS 14,200:1 zwanglos zu ni-ir!-we emendieren. Dadurch wird ein dritter Beleg für nirwe (neben HSS 14,200:1 und 214:1 = 585:1, vgl. CAD N/II 265b) gewonnen.

Die Aufnahme des Lemmas kaniniwe CAD K 152a erfolgte sicher nicht unabhängig von dem Eintrag kaniniwe AHw.437a, wo allerdings hinter die Normalisierung ana kabāsi ein Fragezeichen, (?), gesetzt ist, das CAD K 152a weggelassen ist. Der Autor des AHw. hatte sich wiederum auf E.R.Lachemans Umschrift qa-ni-ni-wa a-na ga-a-pa-a-zi in HSS 13,119:7 verlassen.

Die Eliminierung irrtümlich angesetzter ḫurritischer Lexeme sollte als dringlich eingestuft werden, weil Gefahr besteht, dass sie sonst festgeschrieben werden. D.O.Edzard (ZA 64,124,Anm.4) hat kaniniwe bereits als ḫurritisches Wort rezipiert.

REKONSTRUKTION VON VTE 438 AUF GRUND VON ERRA III A 17(*)

Kazuko Watanabe
Universität Heidelberg

A closer inspection of the traces in VTE 438, texts 31 and 39, reveals that the parallel to Erra III A 17 is even more exact than hitherto assumed.

Seit der Editio princeps der Vasallenverträge Asarhaddons (VTE = D.J. Wiseman, The Vassal-Treaties of Esarhaddon, Iraq 20, 1958) wurde oft darauf hingewiesen, dass die Zeilen 437-439 der Verträge eine schöne Parallele mit einem Passus in der dritten Tafel des Erra-Epos (Perikope A,16-17) bilden([1]). Bei näherem Hinsehen stellt sich nun heraus, dass die Übereinstimmung noch genauer ist als bisher angenommen. Ich zitiere zunächst VTE 437-439 in Partiturumschrift:

437	27	[k]u-nu
	29	^{d}Be-let-[ ] ina KUR-ku-nu
	31	^{d}Be-let-DINGIR.MEŠ ^{d}be-let nab-n[i-t]ú([2]) ⸢ta⸣-lit-tu ina [k]u-nu
	39	^{d}Be-let-DINGIR.MEŠ ^{d}be-let nab-ni-ti ta-lit-tu ina KUR-ku-nu
438	29	[ ]
	31	lip-ru-us i[k-kil GEN]NA! 0 la-ke-e([3])
	39	lip-ru-us ik-⸢kil⸣ [GEN]NA! u! la-ke-e([3])
439	29	[ ] re-[ ]
	31	ina SI[LA]-ku-un([4])
	39	ina SILA re-biti li-za-a[m-mi ta]-rit-ku-un([4])

"Bēlet-ilī, die Herrin der Schöpfung, möge das Gebären in eurem Lande unterbinden, eure Kinderwärterin([5]) möge das Geschrei der kleinen Kinder (und) der Säuglinge([6]) auf der Strasse (und) auf dem Platz entbehren."

Es handelt sich um die Lesung [GEN]NA = šerri in Z.438. Dieses Wortzeichen ist zwar in akkadischen Texten nicht oft bezeugt (vgl. AHw 1217f. sub šerru), aber diese Annahme würde durch die entsprechende Stelle des Erra-Epos unterstützt, die ich ebenfalls in Partiturumschrift zitieren möchte:

Erra III A 16	B	x x x x([7])	ú-šá-as-ba-as-ma i-par-ra-sa ta-lit-tú
	K	x x x x	[ ]
17	B	[ ]	šèr-ri u la-'i-i([8]) ta-ri-tú ú-za-am-ma
	K	ik-kil	šèr-ri u la-ke-e ta-ri-tú [ ]

Textvertreter B: A 48 Vs, R.Frankena, BiOr 14, Tf.I.
K: K.9956 + 79-7-8,18, R.Borger - W.G.Lambert, OrNS 27,138f.

"Ich will .... zürnen lassen, so wird er/sie das Gebären unterbinden, und die Kinderwärterin wird das Geschrei der kleinen Kinder und der Säuglinge entbehren."

Bei den bisherigen Umschriften von VTE 438 fehlt das Wort šerru zwischen ikkillu und lakû:

iq-qil-ti la-ke-e(Var. a-na([9]) la-ke-e)	Iraq 20, 61, 438 (1958).
ik-kil lakê	CAD I/J 58b sub ikkillu d (1960).
ikkil lakê	CAD Z 156b sub zummû 2 (1961).
ik-⌜kil⌝-[t]i (??)	ZA 54, 188, zu Z.438 (1961).
ik-kil(ti ??) lakê	AHw 369a sub ikkillu(m) 1 e (1963).
ik-kil x la-ke-e	CAD L 46a sub lakû 2 a (1973).
ikkil lakê	AHw 1536b sub zummû(m) 3 (1981).

Wie die Autographie der Texte 31 und 39 (Iraq 20, Tf.15 und 21) zeigt, sind jedoch Zeichenspuren dazwischen erkennbar (nicht kollationiert). Die Lesung [GEN]NA (u) wäre näherliegend als die Einführung eines ansonsten nicht bezeugten Lexems *ikkiltu.

A N M E R K U N G E N

(*) Herrn Prof. R.Borger bin ich zu Dank verpflichtet, dass er das Manuskript kritisch durchgelesen hat.

(1) Vgl. D.J.Wiseman, Iraq 20, 87, zu Z.438; R.Borger, ZA 54, 188 zu § 46; L.Cagni, L'Epopea di Erra, 217, zu Z.17.

(2) Oder -nab-n[it]i(= UŠ), vgl. die Zeichenspur in der Kopie (Iraq 20, Tf. 15). ^{d}bēlet nabnīti sollte hier trotz des DINGIR-Determinatives als Epitheton der Bēlet-ilī verstanden werden; vgl. ^{d}Be-let-DINGIR.MEŠ be-let nab-ni-ti, OIP 2, 117, 2 (ICC Tf.38).

(3) Ist es ausgeschlossen, bei dem Wort lakû den Lautwert q anstatt k anzusetzen?

(4) Ergänzt nach ZA 54, 188, zu Z.439 und AHw 1536b sub zummû(m) 3.
Die Kurzform des Pronominalsuffixes -ku-un (für -kunu) findet man in diesem Vertragstext oft am Satzende (z.B. Z.418, 430, 432, 439 und 460).

(5) tārītu ist auch als Bezeichnung für die Mädchen eines bestimmten Lebensalters gebraucht (s. H.Freydank, AoF 7, 103).

(6) šerru, lakû und la'û können als Synonyme angenommen werden (s. die betr. Lemmata in AHw und CAD).

(7) Für die Diskussion um die Lesung der Zeichen am Anfang Z.16 s. L.Cagni, L'Epopea di Erra, 216, zu Z.16.

(8) S. Anmerkung 6.

(9) 35: a-na la-ke-e (Iraq 20, 62 unten, zu Z.438) ist offensichtlich ein (Druck-)Fehler für 31: ana la-ke-e. Dieses ana ist meiner Auffassung nach das Ende des Wortzeichens GENNA(= TUR.DIŠ).

DIE AFFEN DES SCHWARZEN OBELISKEN

Karlheinz Deller
Universität Heidelberg

By assuming that some of the monkeys on the Black Obelisk are black the lemma *udūmu could be dropped.

Das Akkadische kennt, sieht man von dem noch nicht hinlänglich gedeuteten apsasû[1] ab, zwei Wörter für "Affen"[2], pagû[3] und uqūpu[4]. Auf dem Schwarzen Obelisken Salmanassars III. sind im Fries 3 (maddattu ša māt Muṣri) auf Seite C drei kleinere, auf Seite D zwei grössere Affen angebildet[5]. Die Beischrift (oberhalb von 3D) bezeichnet diese Tiere als ba-zi-a-ti und ú-du-mi.MEŠ[6].

Dieser Textbefund veranlasste die Lexikographen zur Ansetzung der Lemmata bazītu[7] und udūmu[8], die beide bis heute hapax legomena[9] geblieben sind. Zwar fehlt es nicht an Versuchen, ba-zi-a-ti als Versehen des Steinmetzen (ZI statt GI)[10] und ú-du-mi.MEŠ rundweg als Fehlleistung[11] einzustufen: verhindern konnten sie die lexikographische Etablierung der Gebilde bazītu und udūmu nicht.

Nun liegt es im wohlverstandenen Interesse der Assyriologie, sog. "ghost words" aus den Wörterbüchern zu eliminieren. Ich plädiere darum dafür, die Lemmata bazītu und udūmu zu streichen.

Zur Begründung sei zunächst darauf verwiesen, dass pagû uqūpu offenbar ein festgefügtes Wortpaar ist[12]; a priori ist darum zu erwarten, dass es auch auf dem Schwarzen Obelisken vorliegt. Des weiteren sind ba-zi-a-ti ú-du-mi.MEŠ --so gelesen-- hapax legomena; nicht ein einziger Beleg kann zu ihrer Stütze angeführt werden.

Die Emendation ba-gi!-a-ti anstelle von ba-zi-a-ti des Textes gewänne ein zusätzliches Gewicht, falls es gelingen sollte, udūmu überzeugend in uqūpu "umzumünzen". Ich unternehme diesen Versuch und lese ú-qup GE$_6$.MEŠ, d.h. "schwarze u.-Affen", statt der eingebürgerten Lesung ú-du-mi.MEŠ.

Der Lw. DU = qup ist in nA Zeit gut bezeugt[13]; wer sich an der endungslosen Form ú-qup stösst, mag unbesorgt ú-qupu lesen[14]. Ein exakter Plural-Akkusativ uqūpē oder uqūpī wäre zwar schöner, doch darf man ein Fremdwort[15] nicht so beckmesserisch beurteilen.

Zur Begründung von GE$_6$.MEŠ = ṣalmūte, "schwarze" oder "dunkle", kann ich nur anführen, dass auf dem Schwarzen Obelisken alle Affen schwarz sind und der Beweis des Gegenteils kaum zu führen ist. Bei der Darstellung der beiden Tiere im Register 3D kam es dem Künstler in erster Linie doch auf die Menschenähnlichkeit an; sieht man von dem langen, scharf abgeknickten Schwanz[16] ab, erscheint ihre Bestimmung als Schimpansen nicht so abwegig. Die Färbung der meisten Schimpanzen-Spezies wird mit schwarz bis dunkelbraun angegeben[17].

Die Lesung ba-gi!-a-ti gegenüber häufiger[18] bezeugtem pa-ga-a-te erweist sich sowohl hinsichtlich des Anlauts ba-[19] als auch der Nicht-Kontraktion von -iā-[20] als spezifisch nA Form.

Dem Wortpaar ba-gi(!)-a-ti ú-qup(u) GE_6.MEŠ haftet zwar der Schönheitsfehler der ZI/GI-Emendation an, doch ist die geringfügige Veränderung der Konfiguration von vier Winkelhaken das minus malum gegenüber der Festschreibung zweier ungesicherter Lexeme, die sich im weiteren Fortgang der Assyriologie sehr wohl als "ghost words" entpuppen könnten.

Anmerkungen

(1) AHw.61a; CAD A/II 193a; vgl. B.Landsberger, Fauna 88.

(2) M.Hilzheimer, art. Affe, RLA I 41-42.

(3) AHw.809b; 1581a.

(4) AHw.1427b; 1591a; J.Klein, JCS 31,156-160.

(5) Photos RLA I, Tf.8; R.D.Barnett - W.Forman, Assyrische Palastreliefs, Praha, s.a., Abb.33-34, u.ö.

(6) So die Umschrift der letzten Bearbeitung durch E.Michel, WO 2,140 sub C. Sie diente allen lexikalischen Untersuchungen als Ausgangspunkt.

(7) AHw.117b; CAD B 185a/b.

(8) AHw.1402a. Auch JCS 31,157,Anm.44.

(9) Der nB/spB PN ^{f}Ba-zi-tum (Nbk.368:3; Dar.43:11; VAS 6,69:4) allein reicht nicht zur Stütze von ba-zi-a-ti aus.

(10) Zusammenfassend JCS 31,156-157,Anm.42; explizit "should perhaps be emended to read pá-gi(!)-a-ti", CAD B 185b.

(11) "Sollten dies Entstellungen von pa-gi-a-ti und u-DU-pi sein?", B. Landsberger, Fauna 88, Anm.1. "Fehler für uqūpu?", W.von Soden, AHw. 1402a. "Auf diesem Obelisk findet sich noch eine zweite Affenart, uqûpu genannt", M.Hilzheimer, RLA I 41a. Die von J.Klein, JCS 31,157, Anm.42, referierte Emendation ú-*qu-pi findet sich in dieser Form nicht in der Literatur. Abweichend von den erwähnten Vorschlägen möchte ich hier ohne eine Emendation der Zeichen Ú DU MI MEŠ auskommen.

(12) So Streck Asb.164 Rs 3 (nach Bauer Asb.33,Anm.3) [MÍ.Á]B.ZA.<ZA>-a-ti pa-ge-e ú-qu-pi.

(13) AnOr 42,24 Nr.135.

(14) Nach dem Or.NS 31,7-26 entwickelten Prinzip.

(15) Vgl. dazu zuletzt J.Klein, JCS 31,156-160.

(16) Für M.Hilzheimer, RLA I 41a/b, ist der "etwas hinter der Basis abgeknickt dargestellte Schwanz" das entscheidende Kriterium, dass es sich in 3D um Paviane handeln muss.

(17) Vgl. EncBrit 5 (1963) 555a, art. Chimpanzee.

(18) Für Belege vgl. AHw.809b.

(19) Vgl. AnOr 47 § 27b; als Beispiel genüge LÚ.qe-ba-a-ni ABL 442 Rs 14 gegenüber LÚ.qe-pa-a-ni ABL 437 Rs 9.

(20) Feminine Nomina auf -ītu bilden in der überwiegenden Mehrzahl der Fälle im nA den Plural auf -iāte; dies gilt nicht für die Demonstrativa anniu und ammiu, deren Plurale stets annâte bzw. ammâte lauten.

MIDLU "PÖKELFLEISCH"

Karlheinz Deller
Universität Heidelberg

CAD M/2 48a lists midlu "process of salting" (meat, fish, etc.). Evidence is produced that there are at least six Neo-Assyrian references for the use of midlu in a concrete sense "pickled meat".

Das Verbum madālu(*) "in Salz einlegen"([1]), "to salt, to pickle meat"([2]) mit seinen nominalen Ableitungen madlu([3]) "salted"([4]), midlu "process of salting (meat, fish, etc.)"([5]) und muddulu / mundulu([6]) "salted, pickled (said of meat)"([7]) darf als lexikalisch gesichert gelten. Verkannt wurde jedoch, dass das Nomen actionis midlu "bisweilen mit Bedeutungsübergang ins Konkrete"([8]), also i.d.B. "Pökelfleisch", gebraucht wird, und zwar an folgenden sechs, sämtlich neuassyrischen, Belegstellen:

1. UZU.mid-lu	AfO 18,334b:911 (Practical Vocabulary of Aššur)
2. UZU.mid-lu!	BM 121206 VIII 19' (van Driel Cult of Aššur 83a)
3. LÚ*.šá mì-DI-li-šú	ND 10009:19 (Kinnier Wilson Wine Lists pl.46)
4. É UZU.mì!-DI-li	ABL 724 r.8
5. É UZU.mi-[DI-li]	CT 53,281:5'
6. ša mid-li	ND 10017:23 (Dalley-Postgate Texts from Fort Shalmaneser no.90)

1. Der Beleg Practical Vocabulary of Aššur 911, linke Kolumne, wurde von B.Landsberger und O.R.Gurney UZU til-lu gelesen und so in AHw 1359a tillu I 6 ("als Fleischart ... unkl.") übernommen. Vorausgeht Z.910 UZU.KA.NE = šu-PI-i, also šumû "Bratfleisch"([9]). Es ist daher zu vermuten, dass auch Z.911 eine Zubereitungsart von Fleisch, nicht ein Fleischstück aufgelistet wird. Hh. XV 260-263([10]) kombiniert nun

[uzu].KA.NE	ši-ir šu-me-e
[uzu.K]A.NE	pu-ut-tu-ú
[uzu.su].lá	"
uzu.gír.ak.a	"

Die dazugehörigen Hg.-Stellen lauten übereinstimmend

Rezension B([11])	[uzu.su.lá]	[mu]n-du-lum	ši-i-ru pu-ut-tu-u
Rezension D([12])	[uzu].su.lá	mun-du-lu	ši-i-ru pu-ut-t[u-u].

Daraus folgt, dass (šīru) puttû "geöffnetes Fleisch" der Oberbegriff ist, unter den Bratfleisch (šumû) und in Salz eingelegtes Fleisch (mundulu/muddulu) subsumiert werden. Wie "geöffnetes" Fleisch zu verstehen ist, präzisiert Hh.XV 263: "mit dem Messer bearbeitetes Fleisch"[13]. Aus dieser konzeptuellen Verknüpfung lässt sich weiter folgern, dass im Practical Vocabulary of Aššur 910-911 ebenfalls "in Salz eingelegtes Fleisch" auf "Bratfleisch" folgen müsste, also šupî (šubî) midlu, der neuassyrischen Entsprechung von SB šumê mundulu.

2. Die Kopie G.van Driels von BM 121206 VIII 19' zeigt zwar UZU.BE.KU[14], doch hat bereits W.G.Lambert[15] nach Kollation erwogen, das dritte Zeichen als LU zu lesen. Meine eigene Kollation vom 1.Sept.1980 ergab ebenfalls, dass eher LU als KU vorliegt. Im Vertrauen darauf las dann meine Schülerin Brigitte Menzel in ihrer Neubearbeitung von BM 121206[16] UZU.MÚD.UDU, "Schafsblut". In Unkenntnis der Zusammenhänge habe ich diese Fehlinterpretation unbeanstandet gelassen (obwohl mich das ungewöhnliche UZU vor MÚD, dāmu, hätte stutzig machen sollen). Die Zeile ist nun wie folgt zu korrigieren:

UZU.mid-lu! šá TA* a-ku-si i!-qa!-rib-u-ni KIMIN (= lu-li-u DÙG.GA)

"Pökelfleisch, das mit Suppe/Sauce[17] serviert wird[18]: ditto"
(= "man soll es 'emporbringen': das ist in Ordnung")

Im Kontext der Stelle finden wir zubereitete Speisen, a-ku-si Z.16'; NINDA. ka-man.MEŠ Z.17'; nap-tu-nu šá LÚ.MU LÚ.SUM.NINDA Z.18'. Es ist darum wahrscheinlicher, dass auch in Z.19' eine in der Küche zubereitete Speise, nicht ein Rohprodukt erwähnt wird. Auch der Parallelismus nuḫatimmu : karkadinnu (Z.18') mit den gleich zu besprechenden Berufen LÚ*.šá mì-DI-li-šú : LÚ*.ša a-ku-si-šú kann als Argument zugunsten der Lesung UZU.mid-lu! neben a-ku-si in Z.19' angeführt werden.

3. Die Belege 3-5 zeichnen sich durch eine graphemische Eigentümlichkeit des Neuassyrischen, eine sog. "Umkehrschreibung"[19] aus: es stehen also mì-DI-li-šú für midlišu und mì!-DI-li für midli; Beleg 5, aus dem gleichen Briefcorpus stammend, ist nach Beleg 4 ergänzt. Die editio princeps von ND 10009[20] enthält keine durchgängige Bearbeitung dieses Texts, doch deutet J.V.Kinnier Wilson diese Berufsbezeichnung als ša me-de-li-šú "bolt-maker?"[21] und CAD N/II 316a normalisiert das Graphem entsprechend als ša mēdelišu. Z.17-r.3 von ND 10009 lauten wie folgt[22]:

17 ⸢2BÁN⸣ 7 qa Ú.⸢kar⸣-šú 2BÁN 7 <qa> GIŠ.KIN.GEŠTIN 5 MA.NA URUDU.MEŠ
(<1>.Q[u]-u-a+a L[Ú*.M]U

18 6 qa Ú.kar-šú LÚ*.na-ki-⸢su⸣

19 4 M[A.N]A URUDU.<MEŠ> 1.d.30-tab-ni-PAP LÚ*.šá mì-DI-li-šú

20 P[AP] an-ni-ú É LÚ*.MU

---

21 ⸢2BÁN 7 qa⸣ Ú.kar-šú 2BÁN 7 qa GIŠ.KIN.GEŠTIN 5 MA.<NA> URUDU.MEŠ
(1.Aš-šur-x-(x) LÚ*.SUM?.NINDA?

22 1BÁN GIŠ.KIN.GEŠTIN.MEŠ LÚ*.ša a-ku-si-šú

23 5 qa Ú.kar-šú LÚ*.šá ⸢bil⸣-li-šú

24 ⸢3?⸣ qa Ú.kar-šú LÚ*.šá x x.MEŠ!-šú

25 [n] qa GIŠ.KIN.GEŠTIN.MEŠ 5 qa GIŠ.bu-ṭu-[nata]

Rs 1 5! qa ŠE.šu-'i ḫa-še-ú-te 1.Mì-is-x[ ]

2 LÚ*.šá se-e-qu-r[a-ti-šú]

3 [PA]P an-ni-ú É LÚ*.SUM.NINDA

Die beiden, durch Querstriche getrennten Abschnitte listen Leistungen auf für die in der Küche (bīt nuḫatimmi) und für die im Atelier des karkadinnu (bīt karkadinni) Beschäftigten; zur ersteren Gruppe zählen der Koch selbst, der Metzger(23) und eben der für das Pökeln (Konservieren) von Fleisch verantwortliche ša midlišu. Der zweiten Gruppe sind sogar fünf Berufe zugeordnet: der karkadinnu selbst, der LÚ*.ša a-ku-si-šú(24), der LÚ*.šá ⸢bi⸣l-li-šú(25), ein nicht sicher deutbarer LÚ*.šá ⸢x x⸣.MEŠ!-šú(26) und der LÚ*.šá se-e-qu-r[a-ti-šú](27). In jeder der beiden Gruppen ist jeweils der erste und der letzte Beschäftigte mit Namen identifiziert. Wenn sich auch die Berufe in Z.23 und besonders Z.24 einer Deutung noch entziehen, darf doch davon ausgegangen werden, dass jeder der acht Berufe(28) der Nahrungsmittelbranche angehört. Daraus folgt, dass sich für Z.19 eine Ableitung von mēdelu "Riegel" verbietet. Auf die oben unter 2. angeführten Parallelen darf hier zurückverwiesen werden.

4. Der Brief K.548 = ABL 724 lautet in neuer Umschrift:

Vs 1 [a-na LUGAL EN]-ia

2 [ÌR-ka 1.D]a-di-i

3 [lu šùl-mu a-n]a LUGAL EN-ia

4 d.⸢AG⸣ d.AMA⸢R⸣.UTU a-na LUGAL EN-ia

5 lik-ru-bu 2 GU_4 20 UDU.MEŠ

6 SISKUR.MEŠ ša U_4? 5? KÁM*? ša URU.Di-qu-qi-na

7 la na-ṣu-ú-né LUGAL be-li

8 ina muḫ-ḫi liš-'a-al ⸢3⸣[+n?] ⸢UDU.NÍTA⸣.MEŠ

9 ša É d.Da-ga-[na (x)]x

10 ša L[Ú*.SIPA nap-t]i-ni [(x)]

11 an-nu-ri[g n] MU.AN.[NA.MEŠ]

12 la ú-ba-lu-⸢ú⸣-[né]

13 ba-aṭ-lu i-sa-ak-nu

Rd 14 [LU]GAL be-li

15 [TA* Ì]R.MEŠ-šu

Rs 1 [li-id-b]u-bu

2 [2 GU_4.MEŠ] 20 UDU.MEŠ

3 ana SISKUR.MEŠ ša ITU.ZÍZ

4 LÚ*.SANGA šá Aš+šur e-kal
5 ina šá-dag-diš ina muḫ-ḫi
6 a-na LUGAL EN-ia as-ap-r[a]
7 LUGAL be-li is-sa-ap-ra
8 ma-a ina É UZU.mì!-DI-li
9 pi-qid-di ap-ti-qi-di
10 ú-ma-a LÚ*.A.BA É.DINGIR
11 i-qa-bi-a ma-a a-na
12 MÍ.šá-kín-ti ša URU.ŠÀ.URU
13 [d]i-i-ni an-nu-rig
Rd 14 [a-na] LUGAL EN-ia
15 [as-s]a-ap-ra mi-i-nu
liS 16 [ša LU]GAL be-li i-qa-[bu]-ú-n[i]

Übersetzung: "An meinen Herrn König. Dein Diener Dadî. Meinem Herrn König möge es wohl ergehen! Nabû (und) Marduk mögen meinen Herrn König segnen! Zwei Rinder (und) zwanzig Schafe, die Opfer(tiere) für den fünften Tag, (geschuldet) von der Stadt Diquqina, hat man mir nicht gebracht. Mein Herr König möge sich danach erkundigen! Die drei [+n?] Schafe für das Haus des Dagan, [Lieferungsverpflichtung?] des/der? 'Mahlzeit-Hirten': es sind nunmehr n Jahre, dass man sie mir nicht bringt. Sie haben eine Unterbrechung verursacht. Mein Herr König möge mit seinen Dienern reden! [Die zwei Rinder (und)] zwanzig Schafe für die Opfer des Monats Šabāṭu 'isst' der Priester des Aššur. Im letzten Jahr habe ich darüber meinem Herrn König geschrieben. Mein Herr König hat mir (darauf) geschrieben: 'Vertraue (das Fleisch) dem (Vorrats)-haus für Pökelfleisch an!' Das habe ich getan, (aber) jetzt sagt mir der Tempelschreiber: 'Gib es der Palastverwalterin von Aššur!' (Hiermit) schreibe ich nun an meinen Herrn König. Was befiehlt mein Herr König?"

Obige Deutung weicht in einigen Einzelheiten von der letzten Bearbeitung des Briefes durch J.N.Postgate (Taxation, S.290) ab, die näher zu begründen sind. Z.6 ist gegen das undeutbare ša ŠÀ MAN der Kopie entschieden auf der Basis der Beobachtung B.Menzels, dass die auf den fünften Monatstag bezüglichen Briefe des Marduk-šallim-aḫḫē mit den Angaben des Akkullanu-Briefes ABL 43 = Parpola LAS 309 zu kombinieren sind[29]; in ABL 43:18 ist aber auch KUR Di-qu-ki-na erwähnt. Z.9 ist das Haus des Dagan in der Stadt Aššur gemeint, das der Gott Aššur in Begleitung des Königs und des Klerus des Aššur-Tempels vom 22. bis 26.Šabāṭu jeden Jahres besuchte[30]. Ich vermute, dass am Ende der Z.9 iškaru o.ä. zu ergänzen ist. Die Ergänzung der Z.10 beruht auf LÚ*.SIPA nap-ti-ni in ABL 726:7 und 727:7, zwei weiteren Briefen des Dadî. Auch ist die neue Lesung der Z.11 nach ABL 727:9 stilisiert, [an]-nu-rig 7 MU.AN.NA.MEŠ. Rs 3 folge ich mit der Lesung ana J.N.Postgate, obwohl ich šá! vorziehen würde. Rs 2-4 besagen wohl, dass der Aššur-Priester alles im Monat Šabāṭu anfallende Opferfleisch[31] sofort zu verbrauchen pflegt. Dadî war wohl mit dieser Praxis nicht einverstanden und wandte sich um eine Entscheidung an den König. Dieser befahl offenbar das Einpökeln des Fleisches und

und die Bevorratung desselben in einem dafür bestimmten Gebäude. Dadî führte diese Anweisung durch, stiess dabei aber nun auf Widerstand seitens des Tempelschreibers, der das Fleisch lieber der Obhut der šakintu(32) von Aššur anvertraut sehen wollte. Dadî erbittet eine neue Entscheidung des Königs. Die Lesung É UZU.mì!-DI-li Rs 8 ist epigraphisch nicht ganz unproblematisch(33), aber dennoch den bisher vorgeschlagenen Deutungen(34) vorzuziehen. Ihre philologische Bestätigung bezieht sie jedoch aus Beleg 5.

5. Das Fragment K.5560 = CT 53,281 erweist sich durch Z.3'-7'

3' ša LUGAL be-[li]

4' iš-pur-an-[ni]

5' ma-a ina É UZU.mi-[DI-li]

6' pi-qid-[di]

7' ap-ti-[qi-di],

die praktisch ABL 724 Rs 7-9 duplizieren, als weiterer Brief des Dadî(35). Durch die Verwendung des Zeichens MI statt ME in Z.5' wird die Lesung ma-a ina É UZU.mì!-DI-li ABL 724 Rs 8 zusätzlich und dezisiv abgesichert.

6. Der zuletzt zu besprechende Beleg ist einem noch unveröffentlichten(36) administrativen Text aus Fort Shalmaneser, ND 10017, entnommen, dessen letzte vier Zeilen lauten:

22 1 me ša 50 UDU.MÁŠ.GAL.MEŠ

23 50 ša mid-li

24 36 ša SIPA BUR

25 PAP 1 me 86

Diese von dem übrigen Text abgesetzte Notierung ist nicht leicht zu interpretieren. Um zu der Gesamtsumme 186 zu gelangen wird man nicht umhin können, in Z.22 «ša 50» zu eliminieren. Es dürfte sich also um die Verfügung über eine 186-köpfige Kleinviehherde handeln: 100 Tiere sind Ziegenböcke; 50 Schafe (oder Ziegen?) sollen geschlachtet und ihr Fleisch eingepökelt werden; 36 Tiere sollen in die Obhut des "Mahlzeit-Hirten" überführt werden. Er hielt seine Herde offenbar in unmittelbarer Nähe des betreffenden Zentrums (hier Fort Shalmaneser/Kalḫu; in ABL 724:10; 726:7; 727:7 Aššur ebenso wie der Postgate Royal Grants No.27:8 erwähnte LÚ.SIPA BUR ša URU Ša[b-bi]), damit bei Bedarf für die Tempel- oder Königsmahlzeit sofort Schafe geschlachtet werden können(37). Für die Vorratshaltung auf längere Sicht diente aber das Beleg 4 und 5 vorgeführte "Pökelfleisch-Haus", bīt midli. Vor Erfindung der Kühlhäuser und -truhen verfuhr man auf den interkontinentalen Seewegen ganz ähnlich: die Schiffe führten lebende Schafe und Pökelfleisch als Proviant mit.

Ohne Rekurs auf die Dadî-Briefe wäre ND 10017:23-24 wohl undeutbar; ohne die "Umkehrschreibungen" mi/mì-DI-li (Belege 3-5) wiederum wäre es schwierig, den richtigen Lautwert, einzusetzen in die Grapheme BAD-lu/li (Belege 1,2,6), zu ermitteln. Einsichten in spezifisch neuassyrische Schreibweisen sind deshalb auch für lexikalische Untersuchungen relevant.

Anmerkungen

(*) Dieser Beitrag stellt einen Zusatz zu der Besprechung von CAD M dar, die Werner Mayer und Verf. in der Zeitschrift Orientalia (Rom) veröffentlichen werden. Zugleich eröffnet er eine Reihe von Detailstudien, die in ein geplantes Glossar der assyrischen Kultterminologie einfliessen sollen. W.von Soden und S.Parpola haben das Manuskript gelesen und kritisiert; dafür sage ich ihnen Dank. Die Abkürzungen folgen CAD.

(1) AHw.1572a.
(2) CAD M/I 10b.
(3) AHw.573a und 1572a.
(4) CAD M/I 19a.
(5) CAD M/II 48a.
(6) AHw.666a.
(7) CAD M/II 162b.
(8) GAG § 55 c.
(9) AHw.1275b/1276a.
(10) MSL 9,13-14.
(11) MSL 9,35:41.
(12) MSL 9,37:44.
(13) "Le commentaire Ḫg. ... suggère une technique par incisions profondes farcies de sel de conserve" J.Bottéro, RLA VI 195a. Die sechs Belege für midlu könnten in § 4 (L'usage du sel) dieses wohldokumentierten Stichworts "Konservierung" nachgetragen werden.
(14) Er selbst liest Cult of Aššur 94:19' UZU bat-qú und übersetzt 95:19' "cut-off meat".
(15) uzubat-ku/lu*, Or.NS 40,91 ad VIII 19.
(16) Assyrische Tempel (Studia Pohl. Series Maior,10. Rome 1981) II T 63.
(17) AHw.30b.
(18) Die Kollation i!-qa!-rib-u-ni stammt von W.G.Lambert, Or.NS 40,91.
(19) Or.NS 31,188-196.
(20) J.V.Kinnier Wilson, Wine Lists, Tf.46-48.
(21) Ibd., S.89.
(22) Diese Umschrift basiert auf der Neubearbeitung dieses Textes durch Stephanie Dalley und J.N.Postgate, die als Texts from Fort Shalmaneser (voraussichtlich CTN III) No.87 vorgelegt werden wird. Beiden Autoren danke ich, dass ich ihr Manuskript einsehen und daraus zitieren durfte.
(23) CAD N/I 181b/182a nākisu 1. "butcher, meat cook"; AHw.721b nākisu 1. "Schlächter"; weitere Belege sind CTN III No.3:14.30.
(24) AHw.30b akussu "eine Suppe oder Sauce". CAD A/I 286a verweist unter dem Lemma akussu (food) auf ukultu. Die Ableitung des stets a-ku-si geschriebenen Wortes von akālu "essen" scheint mir indes nicht über jeden Zweifel erhaben; es könnte sich auch um ein Fremdwort handeln.
(25) Der Beruf ša billišu wird von K.V.Kinnier Wilson Wine Lists S.86 erwähnt und mit billu A 2. (CAD B 228b/229a) in Verbindung gebracht: "barley-water" (CAD: a type of beer) trägt vielleicht der Tatsache Rechnung, dass billu nicht im Atelier des sirašû, sondern des karkadinnu zubereitet wird; die genaue Bestimmung von billu steht noch aus.
(26) Mit den Autoren von CTN III ziehe ich es vor, keine Lesung für diesen

Beruf vorzuschlagen; nach Kollation J.N.Postgates endet er sicher auf -MEŠ$^{!}$-šú, nicht -*me-šú. Weitere Belege sind abzuwarten.

(27) Vgl. mA ^{5}5BÁN ŠE.GIŠ.Ì ^{6}1.Ur-ḫa-a-ja Ì.SUR ^{7}NINDA.se-qu-ra-a-te.MEŠ ^{8}ša 1BÁN TA.ÀM ^{9}id-dan VAS 19,33:5-9. AHw.1532a liest Z.7 die Zahl 4 statt NINDA; die Berufsbezeichnung ša s. legt jedoch nahe, in dem Wort seqqurrāte eine Speise zu sehen.

(28) Die aus ND 10009 gewonnenen Informationen sind geeignet, in manchen Punkten J.Bottéros detaillierten Artikel "Küche" (spez. § 11, Sociologie de la Cuisine), RLA VI 293a-295a zu ergänzen.

(29) Assyrische Tempel, S.47-48; S.42* Anm.537.

(30) Ibd., S.48.51-53; T 45-46.

(31) Wie aus der Tabelle für den Monat Šabāṭu (Assyrische Tempel, P 27-29) hervorgeht, ist der Anfall an Opferfleisch in diesem Monat proportional wesentlich höher als in den anderen Monaten.

(32) Die Funktion der šakintu in den verschiedenen Palästen ist u.a. Gegenstand einer Dissertation von Susan Lynne Rollin, M.A., School of Oriental and African Studies, University of London.

(33) Dr.Irving L.Finkel schulde ich grossen Dank für die minutiöse Kollation von K.548 = ABL 724: das auf É UZU folgende Zeichen ist zwar kein eindeutiges ME, denn der Waagrechte ist deutlich doppelt abgesetzt; dennoch ist es klar von den MEŠ-Zeichen des Briefes (z.B. Vs 5 und Rs 2) unterschieden, deren Waagrechte ebenso deutlich dreifach abgesetzt sind. Offenbar hatte der Schreiber in Rs 8 nicht die Intention, É UZU.MEŠ zu schreiben.

(34) CAD D 59b dâlu B "take over the slaughterhouse and be on the lookout!"; Postgate Taxation, S.290 "that I was to look$^{?}$ in the 'meat-house' and assign (animals from there)"; AHw.170b dīlu "betreue im Fleischhaus Bewässerung durch Wasserschöpfen!"; vgl. AHw.1249a bīt š.^{meš}. CAD N/II 31b verlässt sie CAD D 59b gebotene Deutung und ersetzt sie durch "Appoint ....-s in the storehouses". Somit ist zu konstatieren, dass die Deutung von Rs 8-9 bisher kontrovers (dâlu v. oder dīlu s.?) war; die neue Lesung wäre geeignet, die Kontroverse zu beenden.

(35) S.Parpola hat mich freundlicherweise darauf aufmerksam gemacht, dass CT 53,281 die hier zitierte Parallele zu ABL 724 enthält; dafür danke ich ihm sehr herzlich.

(36) Wird als CTN III No.90 in Bälde veröffentlicht werden; vgl.Anm.22.

(37) "In NA and NB, naptanu usually refers to the meal served to the gods and (as leftovers from the god's meal) to kings", CAD N/I 323a.